正念減壓的訓練

TRAINING IN MINDFULNESS AND STRESS REDUCTION

風行全球，哈佛醫學院、Google、麥肯錫、蘋果都在用

陳德中 — 著

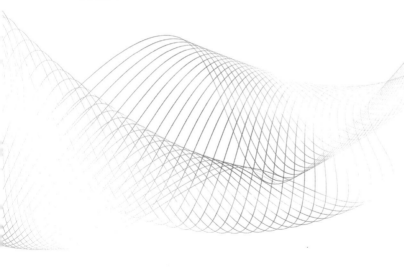

與卡巴金對談

dfulness
正念

Wherever you are, you are here.
Whenever it is, it is now.

	1
2	3
4	5

1 公開演講

2 一般正念課程

3 為台灣醫療人員授課

4 5 與卡巴金在台灣正念工坊

1 正念減壓（MBSR）創始人卡巴金及正念認知（MBCT）創始人威廉斯

2 與卡巴金在台灣正念工坊

3 企業授課

4 Google企業正念課程SIY

1 2
3 4

目錄

Chapter 2 正念是什麼？ 087

Chapter 3 正念的核心概念

Chapter 4 正念的技術練習 183

〈推薦序〉

期待你發現這本書的價值

正念減壓創始人、美國麻州大學醫學院榮譽醫學教授、《正念療癒力》作者
喬・卡巴金（Jon Kabat-Zinn）

我非常高興陳德中能寫成這本書，引進了正念及其潛在力量。若按照他闡述的種種方法來練習，將能幫助我們減少壓力，活得更健康，並擁有更令人滿足，也更有意義的人生。就我個人而言，從二十一歲起，我已經練習正念超過五十年了，而我發現它仍持續以各種難以想像的方式支持與滋養著我，並豐富了我的生活、家庭、人際關係及工作等各種面向。正念有其內在深處的中華文化與文明內涵，其實相較於西方文化，正念不管在起源或本質上，都更「東方」。

我希望你能發現這本書的偉大價值。當然，那也是取決於你自己。祝福你在這終身的旅程與探險中一切安好。

Foreword

I am very happy that Roy Te-Chung Chen（ 陳 德 中 ）has written this book introducing mindfulness and its potential, if practiced in all the ways he describes, to help us all to reduce our stress and live healthier and more satisfying and meaningful lives. Personally I have been practicing mindfulness meditation for over fifty years, since I was 21 years old, and find that it continues to nourish me in unimaginable ways and enrich my life, my family, my relationships, and my work. Mindfulness comes from deep inside Chinese culture and civilization. It is far more Eastern in both origin and essence than it is Western. I hope you find this book of great value. But of course, that is up to you. I wish you well on this adventure of a lifetime.

Jon Kabat-Zinn

Founder of Mindfulness-Based Stress Reduction

Professor of Medicine emeritus

University of Massachusetts Medical School

Author of Full Catastrophe Living

〈推薦序〉

學會正念，讓緊繃的身心放鬆

《哈佛醫師心能量》作者　許瑞云

古典正念最初雖然傳自東方的佛陀，當代正念卻在現今西方世界大放異彩，由卡巴金博士從醫療開始，推動正念減壓，同時進行臨床研究，進而看到正念學習帶來的非凡效果。這也讓正念的訓練陸續被推廣到企業、教育、人際關係、政治等各個領域。本書作者陳德中先生不僅師從卡巴金博士，得到完整的正念減壓訓練，本身也有多年的禪修基礎，這些年在台灣和大陸各地更是不遺餘力地推廣正念。

雖然傳統的內觀和禪修可以幫助我們練習專注在當下，覺知自己的身體、情緒、想法、感受等，進而幫助我們恢復身心的平靜安詳，促進人際關係和諧，可惜的是，多數現代人抽不出時間進行爲期一個禮拜，甚至更久的基礎禪修或內觀訓練。有些人則是因爲宗教信仰，而無法接觸佛教的修行方式。所以，正念減壓的課程是爲忙碌的現代人設計的，也去除了宗教色彩，讓更多人可以接受。

本書提供許多實用的正念練習方式，包括如何用正念促進親子關係、伴侶關係、職場人際關係，以及處理失眠問題、因應各種壓力等。此外，作者也在書中分享多種他在正念工作坊教導學員的正念技術練習，讓讀者透過閱讀此書，就可以在家練習實用的正念。

雖然市面上有不少教導正念的書籍，但絕大多數是翻譯自國外的作品。這是第一本由接受過完整正念訓練，且具備中文授課經驗的台灣老師直接用中文撰寫的正念書，讀起來讓人感覺更親切和貼切。希望讀者可以透過閱讀本書，開始學習如何專注在當下，覺察身心的變化，讓因壓力而緊繃的身心得到放鬆。

〈推薦序〉
我的正念之路：當下，鳳凰樹在

國立陽明大學醫學院醫學系教授兼副系主任、台北榮民總醫院放射線部磁振造影科主任

凌憬峯

在醫學院及醫院裡，因爲工作性質關乎生命的來來去去，爲了引領學生面對這些複雜的狀況，通常會安排導師制度來陪伴他們。我的工作之一就是負責安排課程來培訓導師，讓導師能學習帶領及陪伴學生的方法。

有一天在開會時，有位導師起身問我：「主任，我們長期陪伴學生，解決他們生活及工作上的壓力，但事實上，我們自己的壓力也好大，專業工作上、導師工作上、自己的家庭等等，都好有壓力，有誰可以幫我們呢？」當時的我沒辦法回答，但我一直把這位導師的問題放在心上。直到二〇一五年我參加在英國舉行的歐洲醫學教育年會，赫然發現開幕典禮的一場主要演講就是：「我們是否有勇氣將正念當成醫療人員慢性壓力的

解藥」。後來的答案當然是肯定的，我心中豁然開朗，覺得自己找到答案，可以對同仁交代了。

一回國，我開始尋覓正念的學習場所。可惜正念減壓創始人卡巴金博士早已不再公開開班授課，而且這種有部分與內心層次相關的課程，用英語教學可能也有些先天認知障礙。後來，我發現了台灣正念工坊，其執行長陳德中老師是美國密西根州立大學的心理諮商碩士，又已完成麻州大學醫學院的正念減壓全套師資訓練，是卡巴金博士指導過的第一個台灣學生，同時亦為首位將正念減壓課程引入台灣醫療系統的老師，而且有在開班授課。所以，雖然工作已經夠忙了，我還是牙一咬，報名了二〇一六年夏季每週三晚上的八週正念減壓課程。從此，我眞正進入了正念的世界，也知道西方社會的醫療界、企業及學校已經普遍用正念來降低員工與學生碰到各種壓力源時承受的壓力。

正念減壓會被各界普遍接受的一個重要原因，我想是因為它有科學上的證據支持。我的專長是神經系統磁振造影，研究壓力對人腦的影響，而我的研究及國外相關文獻都顯示，九二一大地震與九一一恐怖攻擊倖存者，以及從波斯灣回來的美國戰士患有創傷後壓力症候群時，腦部磁振造影會顯示出海馬迴體積減少及功能降低現象。德中老師在課程說明會中提到從一九七九年開始至二〇一五年，有關正念的研究論文從個位數到超過千篇，可見正念已經逐漸成爲顯學。我在課程中曾跟同學分享：「老師說的都是眞的，在八週課程之後，腦部磁振造影顯示出海馬迴體積及功能增加，而負責負面情緒的杏仁核則是體積減少、功能降低，呈現了神經系統的可塑性。」

在德中老師的循循善誘下，八週正念減壓加一日靜心的課程轉眼即過，我學會了覺察自己的情緒、念頭，學會了用呼吸讓自己混亂的情緒回到當下，學會了一次做好一件事。而最主要的，是我面對壓力的心態改變了。每天清晨醒來，起床前先呼吸三大口，讓我覺得能這樣深切地感受到氣息出入鼻孔，那種感覺好實在，也讓自己好有力量去面對一整天繁忙的工作。以前等醫院那繁忙緩慢的電梯時會心浮氣躁，口中念念有詞：「什麼爛電梯！怎麼設計的？」現在，我讓自己專注在呼吸上面，從此覺得在繁忙的工作之中有這麼一段時間，眞好。

前幾週，我從台北榮民總醫院中正樓走到致德樓會議中心開會時，利用正念行走，一步步體會腳踏實地，身在哪裡心就在哪裡的感覺。在致德樓正對面的路口遇到石牌路上的紅燈，以前會覺得怎麼那麼倒楣，那一天，我氣定神閒地讓自己融入環境。抬頭看天空時，我注意到致德樓大樓門口有兩棵四到六層樓高的鳳凰樹，樹葉中點綴著橘紅色的花瓣，好美。我在這個路口來來去去不知多少趟，從沒發現居然有這麼美的鳳凰樹在那裡，這都是學習了正念之後，學會珍惜當下，學會體認當下的美。卡巴金博士有一本書的書名叫「當下，繁花盛開」，我要說：「當下，鳳凰樹在。」正念之路，開啓了我另一個人生。

很高興德中老師將正念減壓的內容及理念集結出書，文字深入淺出。第一章以一些生活上的實際情況說明正念的重要性，並闡釋壓力及壓力源的不同，讓讀者知道減壓不是減壓力源，並提供了一些簡單的減壓練習。第二章切入「情緒」及「認知」等正念核心概念，也提出科學證據。第三章進一步說明「當下」的眞正意義，並以「覺知內在三角」闡釋正念要培養的是「專注力」和「覺察力」。透過專注地覺察，與當下的情緒感受同在，用客觀、開放、不批判的態度接納自己，把握當下，因爲每一個「當下」都是新的開始，是力量所在，而不再追悔過去或期待未來，「未來」自然會由每一個覺察到的「當下」創造而成。第四章則提供眞正的正念技術練習，讓正念成爲一般人也可以實際運用的減壓方式。

誠摯推薦這本書，因爲我從正念學習中受益許多。我也希望能將這份對自己的愛，帶給周遭的親人、朋友、同事，甚至不相識的人，把這份愛傳出去，最後就如德中老師所說的，對這世上所有人類、所有生命獻上祝福。

〈推薦序〉

做一個「正念人」

麗嬰房創辦人暨總裁　林泰生

偶然的機會下，長住紐約的心理系同班同學把剛學成歸國的陳德中先生介紹給我，也因爲這個因緣，「正念」成爲我生活中很重要的一部分，而德中當然也和我變成很談得來的忘年之交。不必常常見面，我們總感覺到彼此的存在。

當初德中來找我，把正念介紹給我，那是我第一次接觸正念。雖然我學的是心理學，但五十多年前，這門學問根本尚未誕生。我一聽就很入耳，而且覺得這麼好的東西不必等到有狀況才來認識、學習，應該把它當作「生活的態度」，平常就要運用在生活中。德中聽進去了，也走了出來，介紹大家認識「正念」。我幾次邀請德中來公司把正念介紹給公司幹部，朋友聚會時，也請他來分享，大家的反應都很正面，而且覺得正念易懂易學。

自從認識正念、練習正念、運用正念以後，太太說我變了，變得更沉穩。牙醫則問我是否換了牙刷，因爲我的牙齒刷得更乾淨了。此外，我的胃食道逆流跟我道別了，因爲正念改變了我的飲食習慣，讓我不再吞食，而是嚼食。生活中這些獲得顯著改善的事，我很想跟大家分享。

今天德中要出書，更清楚、更明白地介紹正念，這是一個多大的好消息，我當然願意分享自己這些小小的體驗。希望大家能和我一樣，從德中的書裡認識正念、練習正念，並充分把它運用在生活中，眞正做一個「正念人」——不爲別人，只爲了讓自己過得更踏實。

〈前言〉

風行全球的「正念」

歡迎來到「正念」的世界！

也許你只是好奇，也許你想全面了解正念的概念，也許你覺得愈來愈忙亂、充滿壓力與失控，想尋找解決之道，也許你想改善自己的整體健康狀況，也許你希望在工作上更具專注力與效率，增加動力和能量，也許你想提升你的心智與身體耐力，也許你希望與他人有更好的連結，也許你只是想提升內在的自信與喜悅……

若以上有任何一項符合，恭喜你，正念與這本書就是你需要的。而上述狀況也正是當今歐美國家爲何開始推行正念的原因。

一九七九年，美國的喬．卡巴金博士開創了西方社會第一個當代正念課程「正念減壓」（Mindfulness-Based Stress Reduction, MBSR），幾十年來，正念已逐漸進入歐美主流醫學界、企業界、科技界、教育界、運動界等。二〇一四年，《時代雜誌》將此潮流列爲封面故事，標題就是「正念革命」。而就在我寫這篇前言的二〇一七年八月，又看到最新一期《時代雜誌》以大篇幅報導正念訓練對預防憂鬱症的顯著成效。

除了促進健康外，包括Google等各大企業亦在組織內推動正念，協助團隊提高專注力、創造力、情緒管理能力及領導力。甫贏得二〇一七年NBA總冠軍的金州勇士隊也以正念訓練球員，其總教練史蒂夫·柯爾當年還是芝加哥公牛隊球員時，就曾與知名的麥可·喬丹一起去上過正念課。此外，我有一次在台北美國學校演講，一位美籍教師也跟我分享正念在美國學校教育中被廣泛運用的情形。

研究顯示，正念對人類大腦有正向影響，包括記憶學習、情緒調節、決策與觀點選擇，以及衝動控制等。根據《紐約時報》報導，美國健康保險公司安泰近年來實施正念計畫，有約一萬三千名員工參與，結果他們感受到壓力降低了百分之二十八，睡眠品質與心理健康都大幅改善，而且平均每週增加了六十二分鐘的生產力，相當於每位員工每年產值提升了三千美元。此外，據《哈佛商業評論》報導，史丹福大學醫學院神經外科醫師詹姆斯·多提開發了一種先進醫療設備，並出任公司執行長。在一次重要會議上，他接待了一位怒氣衝衝、蠻不講理的投資人，後來試著運用在正念練習中學到的同理心回應：「我停下來，放緩呼吸，這讓我更能傾聽和理解，不僅理解他的處境，更明白他的預期和需求，做出理性的回應。結果，他不僅反過來支援我們，還成爲我們公司的盟友。」

當年，我很幸運地成爲卡巴金博士第一個台灣學生（詳見後記〈我的正念之旅〉），見證了正念的發展，也因緣際會成爲第一個將正念減壓法帶入台灣醫療與企業體系的人。記得廣達電腦的研發處長上完課後告訴我，他面對的市場環境充滿不確定性，但正念訓練讓他在各種變化多端的驚濤駭浪中，還能穩住情緒，並保持清晰的頭腦來解決問題、勾畫未來。還有一位護理長告訴我，她每天晚上接近睡眠時間就開始擔心今晚是否又會失眠，試過很多方法都無效，本來已經有點絕望了，想不到上完正念課後，她重拾了睽違已久的安穩睡眠，開心極了……每次聽到這些實例，我都很感動。在這些年帶領正念訓練的過程中，我看到了無數感動的眼神、滿足的微笑，學員紛紛告訴我正念對他們健康、工作、家庭生活的幫助與改善，並要我務必繼續指導正念，以讓更多人受益。

應出版社的邀約，我決定把這些菁華寫出來，與更多讀者分享。

爲了方便讀者以書本的方式閱讀與吸收，本書打破一般正念減壓八堂課的架構，重新歸類整理，提供正念的核心概念、正念練習方法引導，以及正念在生活各層面的實際應用等，希望讓大家完整了解理論與實務。而你能從正念受益多少，取決於你身體力行的程度，因此，實際練習是重要關鍵。本書除了介紹正念的正式練習，也增加了生活中的練習，你可以看著書裡的文字，也可以聽著我爲本書錄製的正式練習引導音檔（下載網址和QR code，請見第186頁）做練習。如同運動一般，只要用正確方法持之以恆地練習，一定會有良好成效。

再次恭喜你看到這本書，也歡迎你踏上正念的旅程，擁有更美好的人生。

Chapter 1
正念的日常練習

想要練習「正念」，處處都是好時機、好空間。那麼，究竟該如何將正念實際運用在日常生活中呢？壓力導致失眠；擔心生病或癒後復發；為什麼別人的丈夫或太太總是比較貼心；不得老闆緣，總是被找碴；一下子冒出好多事，根本做不完……這些問題是許多人都碰過、且一再遭遇的瓶頸，而大家一定都很想知道該怎麼辦。在這一章裡，我會分別說明正念在實務上的應用，並與各位分享：遇到任何事件，先回到自己的感覺，把注意力集中在此刻，並讓大腦切換到覺知模式，而非慣性模式，以正念面對眼前發生的一切。

1 想睡，卻睡不著——以正念處理失眠問題

大約二十多年前，我大四時，有個非常重要的考試。因爲很重視那場考試，擔心考不好，爲了以最精神飽滿的狀態應考，我幾天前就開始計畫，考試前一晚，我要睡滿七個小時。接著，我又仔細推算了一下：考試是上午八點開始，七點要出門，六點要起床，所以前一天晚上我得在十一點之前睡著。

算出當晚的作息時間後，爲了達成目標，我十點就洗好澡、準備好隔日應考所需物品，十點半就準時上床，一邊想著必須在半小時內睡著，一邊靜候著與周公相會。可是不知怎麼的，躺下之後，我的精神非常好，翻來覆去就是沒睡意，偷偷瞄了時鐘一眼，「糟糕，已經十點五十分了！」看著時間愈來愈晚，我心裡愈來愈急，不斷告訴自己：「我一定要在十分鐘內睡著。」

過了一陣子，我又去看時間。

「怎麼辦？已經十一點半了，我只剩下六個半小時可以睡……」那晚我的下場如何，相信聰明的讀者應該都猜得到。我記得最後一次看時鐘，已經是兩點五十分，之後才慢慢入睡。相信大家或多或少都有類似的經驗，睡不著的夜晚真是漫漫無盡，分分秒秒都像夢魘。

雖然那次是比較特別的狀況，但我確實常聽朋友提到睡不好或半夜醒來後就無法再入眠。飽受失眠之苦的人似乎愈來愈多，不知你是不是也深陷這種困擾？我看過一則新聞，讓我印象非常深刻：台灣人每年吃掉超過三億顆安眠藥。根據調查，每五人就有一人有失眠困擾；也就是說，全台有睡眠障礙者逾四百萬人，其中有不少人甚至表示自己會害怕睡眠。臨床就曾發現，有個案因長期睡不好，導致白天精神不濟、工作效率差，久而久之，每到晚上就怕自己睡不好，而愈怕就愈會失眠。這就很像我自己那次失眠的經驗。

為什麼會失眠？

導致失眠的因素很多，有的是生理疾病，有的是環境影響，而我這裡想談的，則是很多現代人都面臨的壓力帶來的心理因素。許多人下班回到家後，腦子仍在轉白天的事，例如跟同事之間的不愉快、這個月的業績、孩子在學校的表現等等，但我也發現，很多人放鬆的方式是在房間裡擺一部螢幕超大、解析度超好的液晶電視，或是將手機帶上床，以爲滑滑臉書、玩玩遊戲就可以放鬆好眠，結果往往適得其反，不僅沒睡好，電視開了一夜，手機在半夢半醒間看了好幾回。也許不是完全沒睡著，但睡眠很淺，容易驚醒，就這樣過了一晚，比沒睡還累。

當然，這也涉及大家舒壓的方式是否恰當。不過，我們先回到問題的源頭，弄清楚爲何睡不好、爲何害怕睡不著，從根源處理，才是解決之道。

處於充滿壓力的情境時，體內的交感神經系統作用會增強，讓全身處於備戰的緊繃狀態，這是身體面對危險時的求生本能。不過，如果長期讓身體處於危險訊息中，交感神經過度活躍，而讓人放鬆的副交感神經系統無法適時發揮煞車功效使身體鬆弛，不僅身體無法好好休息，器官因亢奮而過度耗損，免疫系統功能也會下降。

正念這樣幫助你解決失眠問題

正念可在兩個層面處理心理壓力引起的失眠問題。

首先在技術方面，容易失眠的人，其大腦在睡前通常仍然思緒紛飛。我有位從事金融業的學員，每晚睡前腦中都會自動浮現一堆待辦事項：今天有哪些事尚未完成？明天又必須完成哪些事？腦中不斷轉著各種畫面、聲音、計畫，甚至浮現感受，自然不易入眠。這時若能善用正念，**先感覺身體與床鋪的接觸感，再讓心安在某個特定目標上，譬如呼吸或腹部的起伏，使大腦中的紛亂思緒逐步沉澱下來**，慢慢地，當內心不再老是思前想後，入眠就容易多了。

其次，除了思緒的安定，更重要的是「**態度的轉化**」。人類在演化過程中發展出「對抗或逃跑」模式，遇到緊急或壓力情境時，例如老虎出現在面前，體內自然會分泌腎上腺素，並活化交感神經，抑制副交感神經，使得身體能夠上前迎戰或逃跑。試想，若你本來相當疲累且放鬆地躺在床上，卻突然在床邊發現一頭老虎或一條眼鏡蛇，你還睡得著嗎？當然睡不著，你一定會迅速警醒，然後無論決定逃跑或迎戰，都是一種備戰狀態。

時至今日，我們雖然不太容易在日常生活中被毒蛇猛獸直接侵襲，但有趣的是，這隻外在的老虎已經轉化成一頭「內心之虎」，我們依舊得每天面對，且揮之不去。這頭「內心之虎」可能是下週要交的企畫案，可能是明天早上的簡報，也可能是財務或人際關係上的挑戰等各種讓你備感壓力的事件，這些壓力依然會使你緊張焦慮，並讓身體進入「對抗或逃跑」模式，而這就會嚴重影響睡眠。

而對已經失眠一段時間的人來說，躺到床上後，面臨的最大一隻「內心之虎」可能正是「害怕睡不著的擔憂」或「急切想要入睡的強烈企圖」，內心處於這種患得患失的狀態，就更加睡不著了。

針對這種睡眠障礙，正念要培養的是「接納現狀」與「無所求」的態度；換句話說，如果睡不著，就放鬆地接受睡不著這個眞實狀況，大腦不要升起「不可以睡不著」的念頭，因爲在兩股力量拉扯下，會導致你失眠。不要強求自己一定要達到某種狀態，一切隨順，而自我對抗的張力一旦放鬆，占據內心的那頭巨大老虎自然會消失，「一夜好眠」就有機會水到渠成。

讓睡眠自己來找你

順道在此提醒大家一件事。有時半夜起床上廁所，我們會順便看看時鐘，緊張的人就會因此估算自己還有多少時間可以睡覺。我想告訴你：不需要多此一舉。爲什麼？你看時鐘也好，不看也罷，只要事先調好鬧鈴，時間一到它響了，你起床就好。試著放掉這個會讓你陷入緊張的動作，夜裡別一直看時鐘或手機顯示的時間，最好不要將手機帶進臥室，而是專注地感受身體與床鋪接觸時的感覺，反而是培養睡眠的最適切狀態。

現在的我，已不在臥室裡放時鐘了，也不刻意計算或期待一個晚上該睡多久，不再擔心自己睡不著；相反地，我讓自己只管躺在床上，放鬆全身肌肉，去體驗呼吸、享受呼吸，這些就是我睡前唯一要做的事，睡不睡得著已不再重要。不知不覺中，睡眠一下子就會來找我，下次恢復知覺時，已是翌日清晨鬧鐘響起的時刻，而且起床後往往精神很好，內心也覺得安定喜悅。從一夜難眠到一夜好眠，眞是十分美好的轉變與體驗。

請記得，不必去追求睡眠，而是讓睡眠自己來找你。

正念練習 放下對「睡著」的執著

1. 把自己全然放鬆地交給床鋪，體驗身體與床鋪、頭與枕頭「接觸的感覺」。
2. 留意「呼吸」時空氣從鼻孔的進出或腹部的起伏。
3. 「放掉對睡著的期待」，可以放鬆地去感覺自己的身體與呼吸就夠了，你已經在休息了，是否睡著已不是重點。

2 我會有健康問題嗎？——以正念處理對疾病的憂慮

多年前還在做心理諮商時，有一次，有位男個案來找我，因爲他覺得自己有憂鬱症。

「爲什麼你覺得自己有憂鬱症？」我問。

「我會擔心很多事情，會心煩。」他說。

「例如？」

「我是大腸癌患者，很擔心自己的健康。」

「現在大腸癌狀況如何？」

「療程已經結束了，醫生說我療癒得不錯，只要定期追蹤檢查就好。」

「既然都療癒了，你還擔心什麼？」

「講是這樣講，但醫學上不是說，大腸癌的五年存活率是……」他端出一些從網路上輕易就可搜尋到的醫學報導與數據。

起初，我不明白他為何憂心忡忡。透過對話，我像是剝洋蔥般，一層一層、慢慢地發現真正令他擔心的癥結所在。他並不是罹患憂鬱症，而是害怕死亡，對死亡的恐懼又與他曾經罹患的癌症有關，因此他特別擔心癌症復發，怕自己活不過五年。他幾乎把死亡與癌症畫上等號。

擔心癌症復發的不是只有這位男士。我曾受邀在台大護理研究所的一個研究案，帶領癌友團體進行八週的正念減壓課程。那些癌友都曾罹患乳癌，但大多已結束療程，康復情形都算不錯，然而，剛去的時候，我發現整個團體同樣瀰漫著一種恐懼癌症復發的氣氛。

理性上，我們都知道「癌症不是絕症」，抗癌成功的例子也不少，但真的「中獎」那一刻，情緒上還是很難接受與面對。於是，接下來的擔憂就如影隨形地出現在我們的情緒與念頭中。

不知各位是否還記得幾年前很出名的人類史上最長壽的雙胞胎姊妹——日本的金婆婆和銀婆婆？她們生前的可愛模樣讓人印象深刻。這對姊妹分別活了一百零七歲與一百零八歲，過世後，醫生發現她們體內有很多癌細胞，只是沒有發展成腫瘤，而這項發現也讓「長壽癌」成為一種可能。不過，其實之前就有不少因其他原因過世的老人家經過解剖，發現他們體內有腫瘤存在。這些資料讓我們明白：癌症並非唯一讓人失去生命的原因。

人活著不是為了擔心會不會生病

回到那位來找我諮商的男士。當時我心裡有個小小疑問：「你都六十歲了，以機率來說，就算不是癌症，五年內你活著的機率又是多少呢？」沒有癌症的人也可能死於意外、其他疾病，或是自然老化，而日本長壽村裡好多老人與腫瘤和平相處到人生盡頭，對恐懼癌症的人來說，這又該怎麼解釋？

我非常敬重生態保育攝影大師徐仁修，他二十多年前與李偉文先生一手打造「荒野保護協會」，是讓生態保育概念在台灣扎根的先行者。十多年前，他卸除荒野保護協會理事長的職務之後，就淡出舞台。不過，他並非因此從「人生志業」中退休，這十多年來，他反而走遍世界各地，持續散播自然保育理念。二〇一六年，年過七十的他爲了成立基金會復出時，記者問他：「爲何還要做這些事？」他的回答讓我印象深刻：「我很多朋友現在都退休了，整天在那邊甩手說是要養生。但人生不是拿來養生的，是拿來過精采的，有沒有精采故事可以分享，可以感動人。」

徐仁修這句話說得精準，完完全全擊中了多數人內心某個要害。「健康地活著」本該是件自然之事，有了健康的身體，就可以去完成更多自己想要達到的人生目標、完成生命的意義。養生，不該是目標本身。如果一直擔心自己不健康，在生活作息和飲食上提心吊膽、處處挑剔，覺得吃這不好、吃那不行、霧霾嚴重、水質差……這樣反而會讓生活品質降低，彷彿經過一場大病、與死神錯身之後，唯一的目標是「不再與死神相遇」，這可能嗎？此外，身心長期處於焦慮與緊張狀態，就算看起來懂得養生，情緒卻是被憂懼推著走，免疫系統功能可能還會因此下滑。

或許你會問：「政府每年公布的癌症時鐘一年比一年快，這是事實啊，難道不需要面對？」

數據沒有錯，但這也只是平均值，不代表你就會搭上癌症列車。每個人都一定會死亡，但不需要從出生開始，活著的每一天都在擔心死亡啊！我們活著不是爲了擔心生病，同樣地，已完成療程的癌友也不須老是擔心癌症復發，或是盯著癌細胞，把它當成人生唯一的重點。如果沒有罹患癌症，就會永生嗎？當然不是。死亡是每個人必經的最後一關，你在擔心什麼？眞正的重點是我們爲什麼活著，我們能在活著的每一天做些什麼，讓世界更美好、讓自己更幸福，不是嗎？

疾病不等於「我」

我曾應邀至罕見疾病基金會上課。目前在醫學上，大部分罕見疾病是無法完全治癒的，幾乎會跟著病友一輩子。有位來上課的學員跟我說，她本來的自我定位是一名「罕病患者」，好像整個生活都圍繞著罕見疾病，但上課後她慢慢體驗到，原來她不等於罕病，那只是她的「一部分」。她從小就有音樂與美術天分，可以從很多面向來看「她」：罕病的她，懂音樂的她，懂藝術的她，善良的她，腦袋清楚的她……能列出來的還有很多很多，罕病不等於她。

她的生命可以如此美麗，你我呢？

念頭只是念頭，不一定等於事實

憂心生病的念頭浮現時，怎麼辦？我有個朋友有慮病症，非常怕生病，給他一杯水之前得把手洗淨，不然他會覺得杯子上都是細菌。面對這樣的人，我通常會請他先練習簡單的正念靜心，之後，每次冒出「杯子都是細菌」這個念頭之前加上一句話：「**有一個念頭**、**想法現在冒出來了**，這個念頭是，這個杯子好髒、我的手好髒，如果我不洗手，我就會生病……」加上「有一個念頭、想法現在冒出來了」，等於把念頭客觀化，我們便能明白，念頭（「細菌很多」）只是念頭，不等於事實（杯子一點也不髒）。若能經常這樣練習，你就可以分辨哪些只是念頭罷了。

此外，也可以從感受著手。即使是有憂鬱症的人，他就等於憂鬱症嗎？我的心情有時真的不好，但有時也滿不錯的；我有時胃口好，有時吃不下；我這個時候胸口悶悶的，好像吸不到空氣，但我的手、腳、頭髮、皮膚並沒有悶悶的，所以我真的悶悶的嗎？像這樣學著以第三人的角度把心裡一整團搞不清楚東南西北的情緒感受一一拆解，然後去面對，於是，**我雖然是我，但這時用第三人的角度來看，我，也不等於全部的我**。

沒有任何一個人的身體是百分百健康完美的，包括我在內。我的健身教練肌肉練得很精壯，體格很好，一看到他，都會讓人直接聯想到健康，但事實上，他每天不吃安眠藥就睡不著，還曾服用憂鬱症藥物。原來，我們看得到他的肌肉，卻看不見他的內臟、內在。另一個極端的例子是，有些打扮入時的美女看起來完美無瑕，如果她不說，誰又知道她可能有便祕呢？

每個人的身體都有會某些狀況，你要拿局部的身體狀況，爲自己的整體定位嗎？既然如此，何不將局部內容換成「我吃得下」「我睡得著」「我依舊有身旁的人滿滿的愛陪伴著」「我的本質依舊美麗」？

1. 深呼吸一下，然後去感覺自己的整個身體。你現在很真實地活著，並感謝你活著。
2. 回顧那些擔心的念頭，念頭只是念頭，想法只是想法。例如：「喔，擔心的念頭又跑出來了。我擔心會生病、會出狀況……原來這只是我現在的念頭，不一定是真實的。」
3. 看看身體有沒有不舒服的感覺。開放自己，與所有感受和平共處。
4. 告訴自己：「我是美麗完整的個體，即使疾病也只是生命裡局部的過程，無損我的完整性。」

3 人在心也在的父母——正念親職

不知道你有沒有發現一件事：大人通常不太喜歡孩子一直使用3C產品，即使有需要，也希望限制使用時間，結果一轉身，大人一個比一個更熱中「低頭」。

在這個數位行動時代，大人這樣做有時也是迫於無奈。但身爲父母，若長期只是身體在家裡，心卻不在一旁的孩子身上，是很典型的「冷暴力」。孩子在眼前，父母不用心與他們互動，心與眼盯著的都是手裡的小小螢幕，不論是爲了公事或休閒娛樂，這樣的行爲都是漠視孩子的存在。我並非要苛責爲人父母者，只是比起孩子，有時父母更需要安自己的心。

我們常常被忙碌的工作絆住，心裡掛念著孩子，但在孩子身邊時卻又停不住手邊的事，對尚未處理完的公事念茲在茲。這一刻，即使孩子在眼前，我們都無法好好安心與他們相處。我們彷彿只是把孩子當成物品，擺在眼前就安心了。長期下來，對孩子是有影響的，這樣的影響甚至從嬰兒時期就開始。

我的一位學生曾在班上分享自身經驗。她在餵幾個月大的女兒吸奶時，覺得等孩子吸奶的過程很無聊，閒著也是閒著，於是就邊用平板電腦看韓劇，邊餵母奶。一路下來，總覺得孩子吸奶時很躁動，無法專心，有幾次還把平板揮掉。這小女嬰力氣之大，而且拗起來不管三七二十一。其實媽媽自己都知道，孩子就是不開心，但她不會說話，說不出哪裡或爲什麼不開心。

那位學生來上正念課以後，開始知道要專注當下，一次一事，餵母奶時就好好看著懷裡的孩子，感受母嬰之間的眞實連結。結果，女兒再也不吵鬧了，每當她在哺乳時，女兒就是很專注地享受，整個樣態都放鬆了，不再像過去那般躁動。那位學生說，直到那一刻，她才眞正體驗到很深的幸福感。我依然記得她在分享這件事時，雙眼是發亮的。

若說神奇，的確是很神奇，但寶寶一定感受得到父母的情緒，只是他們的表達能力與範圍有限。

感受當下，一次一事

另外一個學生是小學老師，一早就要到學校，下課回家後便要開始張羅三個孩子的晚餐。好不容易讓三個小孩都吃完，晚飯後，她看著杯盤狼藉的洗碗槽，想到等一下還要洗碗、洗衣服、收客廳、幫小孩檢查作業……一堆處理不完的家事讓她心浮氣躁，以致每天晚上都在對小孩大吼大叫，但每次吼完又後悔不已，對孩子滿懷歉意。

她問我怎麼辦，我說沒關係，想要罵人，先把碗洗好再來。就先專心地打開水龍頭，倒一點洗碗精，然後去感受水流、搓揉出來的泡泡、手與碗觸碰的感覺、碗洗淨後的味道和觸感，把這一連串動作放慢、拆解，用心去感受每一個環節，讓自己進入當下，時時刻刻都與當下同在。

後來她告訴我，這樣洗碗竟然只花十多分鐘就把碗洗完了，好像也沒那麼困難，時間根本還早，索性把衣服也丟進洗衣機……不知不覺中完成了好幾件事。看看時鐘，距離睡覺時間竟然還有兩個多小時，可以做自己想做的事，突然覺得很放鬆，又有成就感，再回頭看看孩子，也不覺得想罵他們了。

所以，活在當下，只管處理手上的每件事，把時間用來解決問題，而非消耗情緒；另外，就是把這個概念用在親子上。

親子相處，質比量重要。或許你真的有心陪伴孩子，卻被工作占去很多時間，讓這份心願不容易實現，那麼建議你：不能增加相處的時間量沒關係，就提升相處的「質」，這也是你可以做到的。

我有個學生是高中英文老師，她的小孩讀幼稚園，每天她都牽著孩子去搭娃娃車。那個小小的身軀一大早就要離開媽媽獨自去上學，我的學生覺得好捨不得，但她也必須很早到校，這是沒辦法的事。學習正念後，她就在每天送小孩上車、和孩子道別前，緊緊擁抱孩子三十秒，專注當下，去感受孩子的體溫、心跳。這時，媽媽覺得很幸福，扎扎實實地碰觸著孩子，而小孩也很享受地依偎在母親懷裡。這個小男生不像多數幼兒哭哭啼啼不肯跟爸爸媽媽分開，他竟然會跟我的學生說：「媽咪，我覺得你好愛我喔！」然後開開心心上學去。

「質勝於量」，我的學生珍惜短短的每一刻，比起很多心不在焉的父母，更能讓孩子感受到愛與安全感。

人在，心在。

這是正念，也是現代的繁忙父母應該記著的親子教養態度。

正念練習 人在心在，覺知五感

假設你的家人在身旁，用心看著家人，留意他的狀況，包括心情與感覺。

把整個身體的感官覺受放在此時此刻，不論是餵母乳或擁抱，全神貫注去感受懷裡的孩子與當下的感覺。

年紀大一點的孩子也許不喜歡被父母抱來抱去，那麼就用心去聆聽他，重點是全心陪伴。

看看父母的白頭髮是不是多長了幾根。即使沒有擁抱，都可以專注當下，真實地在他們身邊與他們連結。

4 別人的老公比較好？——以正念滋養親密關係

不知道大家有沒有過一種經驗，就是去餐廳吃飯時，明明點了最想吃的菜，但看到隔壁桌上有自己沒點到的菜，就會覺得別人桌上那盤菜比較好吃？同樣地，衣櫃明明不缺衣服，卻仍覺得別人身上那件衣服比較好看？甚至，別人的老公比較好？別人的老婆比較貼心？

「人家的老公很疼太太，你都沒有這樣對我！」

「他老婆很體貼，把家弄得好好的，哪像你這樣只顧自己？」

這是日常生活裡很容易聽到的男女朋友或夫妻之間的抱怨，累積久了，沒事變成有事，然後成了分手的導火線。雖然我們總是用「下一個男人／女人會更好」來鼓勵失戀或失婚的朋友，但問題來了：

下一個，真的會更好？

別人的，眞的比我的好？

不知道你是不是也常常落入這種信念的圈套？

很多時候，我們會不自覺地習於期待未來：下一個老闆會更好，下一個男人／女人會更好，別人桌上的東西比較好，別人盤子裡的菜比較好。也因爲如此，我們很少把心思放在「體驗」上。

依賴外在的「作為模式」與回到內在的「存在模式」

在這裡，我要提到兩種模式：「作爲模式」（doing mode）與「存在模式」（being mode）。**作為模式是不斷想要得到新的東西，不斷汲汲營營地處理事情；而存在模式就是安住在此時的經驗與感受，回到內在資源，讓自己活得更完整、體驗更深刻。**

面對感情，我們總想覓得一個完美情人，不論是Mr. Right或Miss Right，似乎只要找到那個對的眞命天子／天女，就會從此過著幸福快樂的日子，屆時只會有快樂的情緒存在。此外，我們不但把快樂寄託於外在，這份快樂還必須要「對方所作所爲都符合我們的期待」。

期待是否獲得滿足，是你快樂與否的關鍵。然而，有點殘酷的眞實世界很少很少有這麼一天是外界提供的正好符合我們的期待，因爲這個世界並非爲我們而運轉，不可能你想要下雨，它就下雨；你想要晴天，它就一定會是晴天。

我們不小心也把對大自然的期待放在期待「對的另一半」上。情人節，你想要吃燭光晚餐，想要一百朵玫瑰，你以爲這樣就會有快樂的情人節，結果事與願違，男友只送你一朵玫瑰，而且叫了外賣披薩。你好失望，覺得男友根本不愛你，這份落差導致你產生失望、難過，甚至憤怒的情緒。但其實不是男友不好，而且跟他好不好也無關，而是你心中期待的樣子與他實際表現出來的不同。

對人事物產生期待時，就會覺得所謂的「快樂」是每個現實層面都與自己的期待同步。比方說，當你想要他黏一點時，他眞的很想黏你；如果你想要一個人的空間，他也剛好想要獨處而給你空間，就是這麼合拍、這麼剛好地完全同步！但實際上，人並不會這樣同步，即使再親密，彼此仍是獨立的個體，對方會有自己的情緒、工作壓力、身體狀況，你會受天氣影響，他也會，而影響天氣的因素又那麼複雜，有颱風、地震、季風、雨量……影響你們兩人的因素太多太多了，變數如此多，你又如何期待他與你節奏一致？這個世界如何照你想要的運轉？

如果沒有覺察，只是一味站在自身立場希望這世界如自己所願，這樣我們才會快樂，這種「作爲模式」不斷不斷地依賴外在，這個不如願，就換下一個，再不如願，就繼續換，直到如願那一刻爲止……但，並沒有那一刻存在。

就在你看到一朵玫瑰搭配披薩而失望不已時，卻沒注意到披薩外盒有一張他用心寫的卡片，上頭還有手繪圖。你完全看不到這份用心，念茲在茲的仍是不存在的燭光晚餐與百朵玫瑰。眼前早已幸福，只是你的心不在此時此地，而是巴望著與現實有落差的期待。

真正的關鍵在「身體感受」，而非外在事物

會影響情感關係的除了前述的模式與認知之外，以正念來說還有一個重點：感受。

男人一定都熱愛美女嗎？對中年大叔來說，正妹一定勝過陪自己走過多年的妻子

嗎？很多人以爲自己喜歡看美女、啖美食，但眞正喜歡的並非美女與美食，而是兩者帶來的「體內的愉悅感受」。

夏天到了，海邊很多比基尼美女，男人的確容易盯著這些身材姣好的女孩看，因爲看了以後心情愉快；然而，在男同志眼中，比基尼美女或許就無法引起他的感覺，這時比基尼美女可能還比不上一個從他眼前走過的帥氣男孩。我舉這樣反差較大的例子說明，主要是希望讓你發現：美好與否的關鍵根本不在美女身上，而是在觀者自己的感受。

女生喜歡宋仲基或金城武這樣的帥哥，看到金城武的海報，女生會覺得好帥，願意花錢買他的月曆或海報，因爲看了會有舒服的感覺。不過，如果我請你連續五小時盯著這張海報看，不要換，你還會想要繼續看嗎？我想應該不會。

短短五小時，海報可有改變？沒有，改變的是你的經驗與感受。其實，**我們都只是在追求那個感覺，而不是真正的外境**。

進一步以中年夫妻來說，丈夫看到正妹、妻子看到小鮮肉會有感覺，那也只是看到那個形體當下帶來的感覺。如果眞的做個實驗，讓夫妻兩人各自與正妹、鮮肉相處二十四小時，柴米油鹽醬醋茶全不可免，當初那種新鮮美好的感受可能只剩下一半，另一半會被「煩」的感覺取代，且比重愈來愈高。

現在網路上常常出現這樣的貼文：「我看到×××，讓我有戀愛的感覺。」事實上，我看到×××，身體會升起一股舒服的感受，那我會誤以為身體舒服的感受就是喜歡。身體感受很具體、很直接，比如胸口酥酥麻麻的、癢癢的、很舒服，或者你喜歡吃麻辣鍋，人都還沒去，光用想的你就會很開心。開心、舒服、喜歡，是感受，身體會說話。

但是，所謂的看到美女很開心，其實只是一種突然升起的身體舒服感，並不一定是外在這個人眞的能帶給你幸福，因爲重點是「你的感覺」，而不是「外在的人」。而且最關鍵的是，你內在的身體感覺會不斷變化，就像前述看海報的例子。

你現在應該可以慢慢明白，重點不是你追求到什麼外在事物，而是你內在經驗到了什麼。我們可以試著在作爲模式與存在模式之間找到平衡點，靜下心去經驗／體驗現在這口呼吸、眼前這朵小花、風吹拂臉頰的涼爽、喝下去的這口茶，還有，此刻在你身邊的人。

所有的感受都在不斷變化。很多男生都知道剛買新車頭一個月的感覺，很多女生也有過買到新包包或遇到新對象的經驗。當你夠成熟，懂得去觀察內在的感受變化時，就不會那麼容易被牽著走。你不會只是感受與外在事物的奴隸，而是會更豁達，也更清楚自己要的到底是什麼。

回到中年夫妻身上。結婚二十年，老婆的外型當然跟年輕辣妹不能比，你想像跟辣妹在一起會有多快樂（情緒感受），可是眞的每天跟她生活在一起時，會發現年齡差距帶來的問題，例如你想要的可能是精神上的追求（念頭），她卻要更多玩樂；反觀枕邊人，若你能靜下心去體驗、去欣賞當下你擁有的，老婆也許才是那個最懂你內在感受的伴侶。

雖然只把焦點與期待放在別人身上，希望求得一個完美無缺的世界，最終可能失望，但別因此對人生沮喪。**不是不存在美好，是你的目標、方向不對**。如果能從存在模式去看外在世界，你會發現：原來愛就在自己心裡。你會經驗到一份安全感，一種溫潤、一種感激、一種滿足與喜悅。這些感恩與慈愛，都是源自你的內在，逐漸往外產生力量，這就是正念。

回頭看看自己的老公，是不是變得迷人許多？自己的老婆，是不是體貼又可愛？

正念練習　體驗感受，回到存在模式

1. 觀察此時身體的姿勢。
2. 留意胸口或身體其他部位比較明顯的感覺。
3. 去經驗這些感覺，與它們同在，客觀如實地觀察。
4. 允許一切如其所是地存在。

5 誰在找你麻煩？——透過正念培養生活管理智慧

身在職場的人一定都被上司責備過。我們來假設一種狀況：今天下午四點半，你被老闆劈里啪啦罵了十分鐘，到了晚上八點即使人在家，想到這件事還是覺得非常不爽。老闆發飆的畫面、內容，會在你的腦海裡不斷重播。

不知大家有沒有想過，這其實是你「用記憶在修理自己」？因為，老闆明明只責備你幾分鐘，你卻在大腦裡不斷重複播放這一段，從下午到晚上足足罵了自己幾個小時，還愈想愈氣。但晚上八點鐘時，老闆在幹麼？他可能和老婆小孩在吃飯、看電視，那麼，八點還在罵你的那個人到底是誰？實際上的八點，老闆並沒有在罵你啊！

再換個戲劇性的方式假想：假設老闆是禿頭，責備你不久後離開公司，心血來潮跑去植髮，所以晚上八點時，老闆實際上的樣子已經是頭髮茂密。但那時，你腦海裡浮現老闆罵你的畫面，會是禿頭或頭髮茂密的模樣？我想會是前者，然而，晚上八點時，罵你的那個禿頭老闆早已不存在。

原來，**你心中浮現的老闆，只是「你心中的老闆」，它其實只是「念頭、想法與記憶」，而不是真正的老闆，不是外面那個人。**

§讓人不舒服的，往往只是念頭與情緒的交互作用

大部分人總是會把腦中的念頭與想法當眞，以爲它們就等於外在世界的眞實情況。你心中可能也對老闆有許多不滿，覺得老闆小氣、偏心張三、排擠你等等，然而，這些百分之百代表外在事實嗎？或者，它們只是腦海裡的念頭與想法？

除了職場上的互動，我們與家人相處的過程中，也常出現類似狀況。

我有個朋友愛貓成癡，貓咪一生病，她就心焦如焚。結果，與她同住的母親吃了貓咪的醋，向我朋友抱怨：「你比較愛貓，願意爲貓花錢，可是對我都大小聲。」我朋友大喊冤枉，雖然沒對母親回嘴，但她告訴我：「如果眞的這樣，我早就不管我媽了。」母親認爲女兒愛貓比愛媽多，但女兒心中清楚，媽媽當然比貓重要，反而覺得媽媽

很奇怪，幹麼跟貓計較？母女各自活在自己的想法中，認為「女兒比較愛貓」「女兒不愛我」「媽媽無理取鬧」「媽媽不講理」，卻沒發現，那些都只是她們腦海中的念頭，而非外在事實。

這並沒有那麼容易察覺，但透過正念的體驗，我們慢慢會發現，念頭就只是念頭，想法就只是想法，它們未必是事實，也不一定等於「我」。

還有一個讓問題更難解的因素：情緒。情緒一上來，就會讓人很難從原本深信的想法中抽離。而且，念頭會帶來更多情緒，情緒又會回頭強化念頭，兩者交互作用之下，除非你經過學習而覺察，否則一般而言，許多人幾乎無法辨識出讓人不舒服的只是念頭與情緒的交互作用而已，未必等於事實。

很多人都有習慣性的「受害者」心態，這是一種心情，也是一種信念與想法。「原因都在別人身上」「別人影響了我」，我們把自己放在相對來說較無力的位置，他人則較具主導地位，我們因此可以「卸責」：「如果他不那樣，我們也不會這樣。」「卸責」是因為我們忘了自己可以觀察心中在跑哪些念頭，甚至也可決定哪些念頭要留存在心中，而這些念頭都會深深影響我們的行為。

受害者心態愈強烈，眼中所見的世界愈貼近「都是別人對不起我」，反映出來的行爲就愈加憤世嫉俗，別人自然離你更遠。而一旦別人遠離你，你又會落入「你看，我說得沒錯吧！」這種循環論證的謬誤，最後就像醫學博士暨心理諮商師蕾吉娜．帕莉所言：「某種程度上，我們拿過去學到的東西來預測未來，然後又活在自己預測的未來中。」而你沒看見的是，你的想法與念頭框住了你所見的世界。人怎麼看待世界，會回頭影響自己的認知，而認知又會影響情緒與行爲，這些都是在心理學上可以證明的。

別「想」事件，回到「感覺」

透過正念，我們學習覺察心中的念頭、想法。腦袋裡的信念一跑出來時——例如你看到同事跟老闆有說有笑，就產生了「同事在逢迎拍馬」的念頭——你可能會有嗤之以鼻的情緒，更深層的是一種小人當道的憤世嫉俗之感。這時，試著先覺察一下身體有什麼感受，也許是心跳加快、臉部發熱、呼吸急促等等。總之，**先不要陷入反覆的思慮或想像當中，而是回來觀察身體感受**。

此外，就如「正念減壓」創始人卡巴金博士說過的：「當念頭或想法冒出來時，假設你能退一步，從旁清楚地看著它，你就能爲事情排出優先順序，並做出明智決定，知道哪些事情確實該做，又該停止做哪些事。因此，這個認清想法只是想法、念頭只是念頭的簡單動作，可以將你從它們創造的扭曲現實中釋放出來，並讓你擁有更清晰的遠見，以及更大的生活管理智慧。」

正念練習　覺察念頭的真假

1. 先深呼吸一下。
2. 觀察身體的感覺。
3. 看看此時此刻，你的頭腦到底在想些什麼。去觀察腦袋裡的思緒時，有時念頭反而會不見。
4. 問問自己，這些念頭是事實嗎？或者，它們只是你內心浮現的想法？

5.若在冷靜的心情下發現某個念頭符合邏輯或事實，就去採取適當行動，否則，就讓它過去吧。不要陷在反覆的思慮與想法中，起身做些其他事吧！

6 有好多事要處理，怎麼辦？——工作中的正念

過去，「多工處理」曾被奉爲圭臬。很多企業主都希望員工像有三頭六臂般同時處理多項工作，許多上班族也習慣一下看電腦、一下講手機、一下傳訊息、一下跟隔壁同事講幾句話，一開始忙得不亦樂乎，最後卻筋疲力盡，也沒有眞正完成什麼重要工作。

根據最新的腦神經科學研究，同時間做很多事情，其實並非眞的「同時」，腦袋只是在不同目標之間快速轉換，長期下來不但耗費腦力，甚至會傷害大腦。注意力被迫在極短時間內跳來跳去，反而干擾了專注力，影響更大的是會引發焦慮情緒。事實上，**「一次一事」才是最有效率且不會浪費時間的方法**。

一次做好一件事

有位研究生來上我的正念課，有一週，他說他差點要蹺課，因爲那一週有十份報告要交，平均一天至少要完成一至兩份，怎麼樣都覺得趕不完。

「我打開電腦看到一堆資料，覺得每個都很重要，每個都想碰一下，跳來跳去沒多久就覺得很煩。然後我就去滑一下手機、看一下臉書……一、兩個小時過去了，我還是沒完成任何作業。」這個同學坦白地說。

大家一定覺得好笑，十件事都做不完了，他卻選擇做了「第十一件事」？其實很多人都會這樣，因爲想同時進行很多事情時，我們會感到焦慮不安，這時體內就會出現不舒服的感受，人自然想要趨樂避苦，想要轉移注意力。很多人會以抽菸、酗酒，甚至嗑藥來規避暫時無法面對的煩惱，這是一種機制，也是一種人性。愈是焦慮，愈無法面對現實。

幸好沒多久，這個研究生突然想起我上課時提過的「一次一事」。他靈機一動，打開電腦，在桌面建立了五個資料夾，每個資料夾放兩份報告的相關資料，之後每一天只開啓一個資料夾，專心寫裡面的報告。

「很妙耶，當我一次只開一個資料夾，發現裡面才兩份報告要做，就覺得好像沒有那麼煩躁，寫報告時也比較專心。結果寫著寫著，竟然五天就把十份報告寫完了，還多一天可以來上課！」他那天走進教室時，迫不及待地跟我分享一週來實踐「一次一事」的眞實體驗。

一次只做一件事，看起來好像沒效率，但這會讓人專注。相較之下，一般以爲有效率的「同時多工」，感覺似乎完成很多事，卻不知花了多少時間在瞻前顧後的焦慮與緊張裡。

「一次一事」是修習正念後做出的調整。手上有很多事要做時，許多人可能會一件事還沒做完又岔去做另一件，而且一直擔心：「怎麼辦？怎麼辦？這麼多事情做不完，怎麼辦？」時間和心思都花在擔憂上，最後沒有任何一件事做好。

你可以試著挑選其中一件事，專心去做，彷彿全世界只剩這一件事，其他的暫時不管；這件事做完之後，再做另一件。例如，現在是上午，正在進行一場會議，但下午有一場簡報，以前的我可能會著急，一邊開會，一邊想著下午的簡報，但運用正念，我就會放下下午的事，專心於眼前的會議內容。在我心中，現在的會議就是最重要的，也是唯一的事。而開完會之後，我便立刻投入下午簡報的準備工作，不再擔心剛才的會議開得好不好，專心一意又心無旁騖地只管投入準備簡報。就這樣，俐落又從容地專注於當下的每一件事，反而會在不知不覺中完成每件事，不但時間夠用，每件事的品質也都提升了！

§ 這樣面對突發狀況

有一回我去台積電演講，跟他們分享「一次一事」的觀念，並提到前述研究生的例子。演講結束後，一位主管與我分享了他的真實經驗。

「每天一睜開眼睛，還沒到公司，就會面對很多狀況。一天下來，臨時發生的事太多，不太可能一個一個來。臨時狀況不斷湧入，我必須不斷調整原定的優先順序，不能只做行程表上的那些事。」那位台積電主管告訴我。

他講的正是職場上的真實情況，不會像學生時代那麼單純。我相當認同，也能體會他的狀況與做法，連我自己都是這樣面對每日的突發狀況。我們每天上班工作，固然對今天要處理哪些事會有一份預期心理，但現在的社會脈動與工作節奏畢竟跟過去五十年大不相同，如果一直抱持僵固的想法，老把意外事件當成別人在找麻煩或自嘆倒楣，就會讓自己陷入怨懟的情緒中。

正念不是關在深山裡修行，而是時時刻刻都可以運用在日常生活中。像這種時候，如果試著把心態調整爲：

「我今天來上班，就是要解決突發問題的。若不是我，還有誰能解決呢？」

「我每天到公司，都在面對我早上起床時沒有想到的事，這是我的責任。」

這樣去思考時，就不會太過抗拒難以掌握的變化。

有位企業老闆告訴過我，他也是花了許多年才慢慢能夠面對並接納工作上不可預期的狀況。「我改變心態，覺得這些就是老闆該做的事。我是老闆，就是要解決突發問題的！」

把「老闆」改成「現代人」，這句話適用於我們每個人。或許你會說，你可以回到百年以前，歸鄉種田，過著離群索居、清心寡欲的生活。即使如此，農村生活要面臨的是天有不測風雲的考驗，一場風災可以把農民的心血全吞噬掉。即使在你以爲最單純的農業社會，「無常」給人的考驗，是一樣的。

差別不在無常的多寡，而是我們面對無常的心態。

那麼，遇到突發事件究竟該怎麼做？

首先，心態上還是先面對它、接受它、處理它、放下他。這四個原則眞的很好用，因爲很多問題都源自抗拒的情緒，一旦卸下抗拒心，事情其實就解決大半了。

回到那位台積電主管的例子。臨時有突發事件時，他在情緒上願意接納之後，接著要做的，就是停下來花點時間重新排列優先順序。「重新排程」本身就是他當下要做的「一件事」，他只須專注地排程，這就是當下正念。

實際上，重新排程不會花太多時間，或許五分鐘就能理出頭緒，這是充滿覺察、意識專注的五分鐘。而重新排程這件事做完之後，立即著手去做排程上的下一件事，然後以此類推，依然是一次一事。

利用工作中的短暫片刻穩定自己的心

現在你已經知道怎麼做了，而實際運用時應該會發現，有時執行的困難來自情緒。在那個節骨眼，高漲的情緒往往才是時間殺手。

情緒不易被撫平，怎麼辦呢？傳統的靜心方法會叫你靜坐半小時，但上班時也許很難騰出時間與空間這樣做，況且你已經被變數釘得滿頭包了。建議你不妨利用上廁所或倒茶水的片刻讓自己平緩下來，這只需要幾分鐘。

你去倒杯水，感受手拿杯子的重量，然後慢慢啜飲一口，用唇舌慢慢感覺嘴巴裡的水溫，接著吞下，再去感覺你的身體，去感受內心的煩躁感，然後深呼吸一下，就可以回到座位上繼續工作。別小看這些動作或短短的片刻，喝水、感受水溫、感受身體、感受情緒，這依然是一次只做一件事。讓自己回到正念，並覺察情緒。

還有另外一個更簡單的方式。假如你坐在會議室裡，沒辦法去喝水、上廁所，就試試從頭到腳的全身覺知吧：眨眼睛，感受上下眼皮的接觸；再來到鼻子，深呼吸一、兩次；接著抿一下嘴唇，感受上下唇的接觸；然後，肩膀聳一下或放鬆一下；再來，感覺一下胸口或腹部的起伏；接著，感覺臀部與椅子接觸的感受，然後順勢來到你的腳，感受腳底板與地面接觸的感覺，是雙腳都放在地板上或只有哪隻腳踏著？從眼睛、鼻孔、嘴唇、肩膀、胸口、臀部到腳底，全身覺知只需要一、兩分鐘就可以完成。

為何要這樣做呢？因為你的念頭本來一直往外飄忽不定，一會兒張三、一下子李四，心緒忙亂空轉，現在你把念頭抓回來聚焦在自己身體的覺知上，就會安在當下。身體覺知重複做幾次都可以，直到你的心慢慢穩定下來為止。

活在當下，一次一事。吸口氣，現在，又是個新的開始。

正念練習　一次一事，專注當下

・平時就養成每日正念靜坐等習慣，並盡量早睡早起，作息規律，工作時就比較容易有專注澄澈的心智。

・正在工作時，別跳來跳去，一件一件來。

・遇到比較龐雜的任務時，先拆解成幾個較小的項目，然後同樣按照順序一個一個來。

・大腦是需要充電的，可運用每做二十五分鐘就休息五分鐘的「番茄鐘工作法」，專注工作一段時間後短暫休息一下再開始。休息時可正念呼吸，也可伸展身體，並記得補充水分。

・遇到挑戰或挫折時可能會開始覺得煩躁或沮喪，此時先穩住自己，別急著抱怨、滑手機或吃東西，而是可以：

1. 觀察呼吸。
2. 起身走走，感受腳底。
3. 喝杯水，感受喝水的過程。
4. 進行從頭到腳的身體覺知（如文內所述）。
5. 體驗情緒與感受，開放地允許。
6. 回到當下，開始解決問題。

7 正念與減壓

人雖不能免於肉體、心理、精神等層面的限制，卻擁有選擇自己的態度和立場的自由。人可以決定自己要成爲什麼樣的人……即使在不可改變的殘酷環境中，內在精神還是可以很自由，這自由是不能被剝奪的。

——維克多．弗蘭克（奧地利精神心理學家）

記得二十多年前我在當兵時，有個學長很會操我們這些新來的菜鳥，種種嚴苛要求讓我們每天都過得水深火熱，非常討厭他。終於有一天他要退伍了，當時大家都高興極了，覺得接下來沒有他的日子應該非常輕鬆快樂。

結果，我後來眞的過得輕鬆愉快嗎？當然沒有，因爲走了一個魔王，又出現另一個，而且他其實本來就在我們部隊裡！之前一號魔王在時還不覺得他可惡，現在頭號敵人沒了，跟二號之間的對立反而變得明顯。現在回頭想想，一號魔王在也未必眞的不好，至少大家會團結起來共同對抗他。

這個有點可笑的經驗告訴了我們什麼？我必須很現實地說：外在壓力是不可能完全去除的。不少人會說「我現在有壓力都是我婆婆害的」「若我當時娶的是另外一位，現在一定很快樂」「若主管換人，我一定會工作愉快」，這就像當年我以爲那位學長不在，我就沒了壓力，事實證明還是會有其他因素冒出來成爲我新的壓力來源。

壓力vs.壓力源

那麼，究竟該如何減壓？這裡要先釐清「壓力」與「壓力源」：後者是外在的，前者是內在的；後者是客觀的，前者是主觀的。

外在的壓力源，一直都在。人本來就是處於一個充滿壓力源的世界，無論你是在台灣、美國或非洲，沒有人永遠一帆風順。不管工作或家庭層面，若眞的不要有壓力，我建議你搬到孤島上一輩子不跟人接觸。但即使那樣，還是得面對自己的生老病死！

用極端一點的例子來說，大氣壓力也是壓力源。如果沒有大氣壓力，我們都會飄起來，就像在太空裡，無法好好站在地面上，而且還得像太空人一樣穿上壓力衣，否則會因爲體內外壓力不平衡導致嚴重後果。

所以，關鍵不是壓力源，而是壓力。

有位老師給兩個學生出一樣的作業，有一樣的標準，其中一個學生覺得是挑戰，另一個學生認爲老師找碴。所以，他們兩人面臨同樣的「壓力源」（即老師出的作業），但主觀上感受到的「壓力」不一樣：覺得被找碴的學生可能會緊張、不爽、失眠，而覺得是挑戰的學生可能會

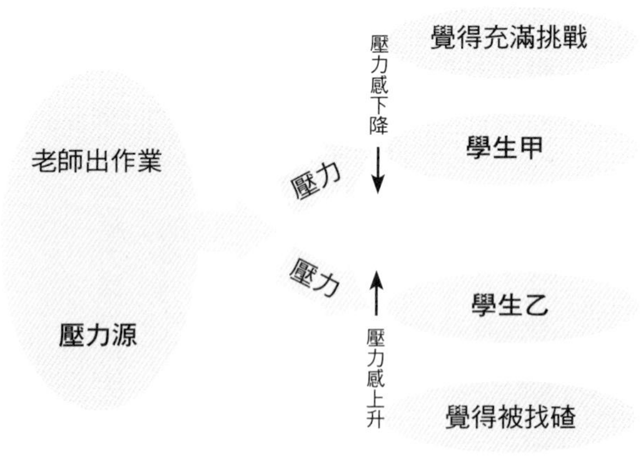

躍躍欲試，甚至亢奮，因爲被老師看重。從這個簡單的例子可以知道：**壓力源一直都存在，每個人內心的壓力感受則不同**。

猶太裔的奧地利精神心理學家維克多．弗蘭克是我很欣賞的心理學大師。他經歷過納粹大屠殺，倖存的他不僅沒被苦難擊潰，反而因此更明白活著的意義與快樂的眞諦。如果人在最不堪的絕望時刻（壓力源）都能擁有喜悅的權利，等於否決了「痛苦都來自外在」（壓力）這樣的想法；亦即，人可以決定自己的感受（壓力）。他有句名言：「（外在）刺激和（我們的）回應之間，存在一個空間，在那個空間裡，我們有能力選擇回應的方式。成長與自由就存在我們的回應之中。」

當你能辨別外在刺激（壓力源）與自己的反應（壓力）之間有個空間存在時，正念就要是培養這個空間。在這當中，你可以選擇如何面對壓力源。

雖然外在壓力源也是少點比較好，但不可能完全沒有。其實，**所謂減壓，減的是壓力，而非壓力源**。你有多少壓力，取決於你如何看待壓力源。知道壓力源的存在之後，不再一直想要抗拒或消滅，而是明白它是人類生存必經的一部分，進而面對它、接納它，長期來說，就是減壓的開始。

從外在壓力源到內在壓力感受，牽涉到我們如何看待、解讀外在壓力源，當然，也牽涉到內在認知、情緒與行爲的循環。而具體內容，就是本書裡的「正念」要帶給大家的了。

正念練習 這樣回應壓力源

- 面對它
- 接受它
- 處理它
- 放下它

8 真正的敵人——以正念化解衝突，達成和平

戰爭爆發的第一天，他們交給我一把槍和一本手冊。那是很久以前的事了。手冊裡寫著關於敵人的事。

他殘忍、無情，他會殺了我們，殺了我們的家人。不僅如此，他還會殺死小狗，連其他動物也不放過。他會放火燒光所有的東西，然後在水裡下毒。

敵人不是人，是野獸……

這段文字出自大衛．卡利所著的繪本《敵人》，他從戰爭敵對兩方的共同人性提出哲學思考：「什麼是敵人？」

繪本主角是一名士兵，有一天，他發現敵人手中也有跟他一樣的手冊，手冊裡描寫的「敵人」——亦即主角——竟然也是殺人不眨眼的野獸，於是，這個小兵傻眼了。

原來，我也成了敵人眼中的惡魔！

與你對立者，就是絕對的惡魔？

我非常喜歡這本書，雖然談的是離我們比較遙遠的戰爭，但其中勾勒出的人性，卻是你我都會有的特質。敵對不限於戰爭，小至跟家人吵架、跟同事相處不愉快、與上司理念不合，甚至一名對我們的生活安全有威脅的陌生人，都會讓我們與他人處在對立狀態，甚至敵對。

工作上，我們難免會有喜歡與不喜歡的同事或上司。曾經有朋友跟我說，他和某個同事處不來，總是意見相左。那個同事常常對上司逢迎拍馬，而且會在大家面前直接打槍他。有一次，他看到那同事跟長官笑嘻嘻地從辦公室走出來，氣得當場掉頭就走。

「爲什麼？」我問。

「他一定又跟老闆告我的狀！」他斬釘截鐵地說。

那是外在事實或內在想法？

我沒有追問下去，因爲我在想，事情眞是他想的那樣嗎？這有沒有可能是他腦子裡自己產生出來的念頭？畢竟，他的眼睛與耳朵並沒有眞的看到、聽到「同事跟老闆告他的狀」這個事實。但是，他的腦子裡爲何會出現這個對他來說再合理不過的定論？

我這個朋友有情緒上來時（如厭惡、焦慮），面對同事就會開始出現各種認知，冒出很多念頭（如同事一定在邀功、扯他後腿等各種臆測），身體也會產生不舒服的感覺（如呼吸急促、坐立難安），接著就會影響他的行爲。

認知—情緒—行爲，三者會互相影響。當他內心還在這三個狀態循環作用時，眞實世界裡那個令他厭惡的人早已不知去向，他卻還停留在自己的認知結構裡轉圈圈，不斷放大自己的臆測，然後這些膨脹的臆測又加深他的焦慮感。如果沒有覺察到這份焦慮是自己的念頭所致，多數人都會歸咎是「同事」（外境）害的；而一旦陷入「都是別人害我的」這種念頭裡，自己與外在世界的關係就更形對立。

員工覺得自己遇上壞老闆，老闆覺得自己找到懶惰的員工；失業的人抱怨政府無能，政府又把問題推給大環境不好……我們很容易這樣一直怪罪下去，卻從來沒有回頭問自己一個簡單的問題：為什麼我們習慣與外界對立？我們是否習慣性地認為別人都在害我？我們是否還像幼童般有著「不是我這一國的好人，就是其他國的壞人」這種極為簡單的世界觀？

消滅大魔王，天下就太平？

台灣曾經發生令人遺憾的虐貓事件，虐貓者的行徑讓人匪夷所思，動保團體撻伐不斷，內心也許吶喊著：「這傢伙太可惡，我們一定要制裁他、防堵他，否則一定會有小貓再受虐。」相對地，虐貓者心中可能也會跑出這樣的念頭：「既然都被貼標籤了，我再怎麼贖罪、洗心革面，也不可能被當成一般人，那就繼續做吧。」

這是動保團體與施虐者兩方的心情，他們彼此站在對立面，是敵對的，而這種關係也可以在伊斯蘭世界與西方國家之間看到。西方國家一直把恐怖分子類型化，例如「伊斯蘭教徒」「戴頭巾」「膚色偏黑者」，而落入這些類型的人眞的每個都如此「恐怖」

嗎？但是，如果這些與恐怖分子類似的外型會讓人認爲他們是恐怖分子，他們又如何能安心處在一個與他爲敵的環境中？的確有不少伊斯蘭國家移民的第二代、第三代在歐美飽受這種歧視，使得他們原本想要努力融入白人社會的態度轉變成仇視歐美的心情。

數年前，美國波士頓馬拉松賽發生爆炸案，兩枚炸彈造成三人罹難與百餘人受傷。因爲擔心還有其他未爆彈，所以ＮＢＡ球賽暫停、波士頓交響樂團取消演出、全美機場提高警戒。三天後，警方公布凶嫌爲一對兄弟檔，並全力緝捕，最後以一死一傷落幕。當時有媒體採訪民眾對於凶嫌被逮捕的感受，有人很激動地告訴記者：「從此以後，我晚上終於可以好好睡覺了！」當下我心想，這個人的世界觀怎麼像好萊塢的英雄電影：所有的苦難都是因爲某個異世界大魔王在作怪，只要這個大壞蛋被消滅，天下從此太平……

那個惡徒被消滅了，一轉眼又是好幾年，無論美國或整個世界，不但沒有太平，反而有更多不幸事件此起彼落地出現。先不論重大恐怖攻擊事件，即使我們生活中的大小苦難煩惱也從沒斷過。怎麼會這樣？要到何時，我們才會擁有一個沒有大魔王的世界？

§ 不再用二元對立的架構看世界

其實，眞實世界並不是非黑即白的二元對立世界，也就是說，沒有一個人是絕對的壞人或絕對的好人。面對自己欣賞的上司，我們會是極好的部屬；看到懶惰的下屬，我們會變成讓下屬備感壓力、甚至討厭的上司；我們在某些人眼中是難纏的傢伙，但無損於回家後是個好爸爸、好媽媽；孩子在家裡什麼都不做，在學校卻可能是人人眼中最熱心服務的同學。每個人都有好多面向，在不同的場合、不同的感覺下，會露出不一樣的自己。即使在西方世界認爲充滿恐怖分子的阿富汗、伊拉克等國家，一位父親抱起剛出生的女兒時也是充滿慈愛。其實，人類的共同點多於差異處，沒有任何一個人是窮凶惡極，也沒有一個人是絕對的天使。還記得我在本文一開始用繪本《敵人》的故事帶出的「原來我也是敵人眼中的惡魔」這種相對性思考嗎？

二元對立的簡單架構與事實有極大落差（雖然它對電影編劇與政客來說非常好用）。眞實世界不是只住著善人與惡人兩種人，這個世界是多元的、像光譜的，往哪邊多一些，或者往哪邊少一點。

我們總是習慣、且需要製造假想敵，以爲自己的苦難是別人造成的。然而，這些敵人就算消失，我們也不會從此過著幸福快樂的日子，因爲**內心的恐懼仍在，依舊會生出別的對立、產生新的假想敵**。而透過學習，我們可以試著一步步坦然面對內心的「假想敵」。

最後，你會發現：**我們共同的敵人是自己內在的煩惱與恐懼**。經由這份覺察，如果能回到愛與信任，這個世界才會不一樣。

看到內心很多假想敵（念頭）浮現時，一定會湧出一股焦慮、恐懼或怒氣（情緒）。這時不用急著消滅念頭，你只要能認知到：「喔，這些假想敵念頭又跑出來了！」並安於觀察自己這些念頭的躁動，就可以了。

「討厭的同事又在拍馬屁了」，這是念頭；「那個人一定會再打他太太」，也是念頭；「放他出來一定會再殺人」，還是念頭。當我們意識到這只是個念頭時，就會產生第三隻眼來觀看自己因念頭產生的情緒與行爲。

更重要的是，我們不再習慣性地用二元對立的架構來詮釋這個世界，不再習慣性地製造假想敵，而是培養更多元、更包容、更寬廣也更符合眞實的世界觀，並在心中滋養智慧與普世之愛。

世界和平，從你我內心開始。

正念練習　檢視思維架構

・養成觀察內心的習慣。

・發現習慣性的二元對立思維出現時，深呼吸，從假想敵的故事情節中抽離出來，告訴自己那只是念頭。

・體驗身體感受。

・想著：「那個人／那群人其實跟我一樣，也會有煩惱，不希望痛苦，也希望快樂，也渴望被愛。」

・對自己說：「謝謝認真的自己。我是安全的，也是值得被愛的。我接納內在的害怕，與它和平共處；也接納這個世界，與它和平共處。」

Chapter 2
正念是什麼？

身處這個時代，對外，我們不斷面臨經濟、工作、生活的壓力；對內，自己的生命似乎也比上一個世紀的人更茫然，甚至虛無。

這一切，都讓身在文明進步世界裡的我們覺得更難穩定身與心。

所幸，問題是有解的。

近幾十年來，西方國家開始在東方智慧中尋找答案，也愈來愈發現，人，慢慢懂得回頭面對自己的內心。因此，正念這種內在覺察的心智鍛鍊系統，逐漸進入主流社會。原來，我們真的可以在內心重新找回自信與喜悅。

歡迎你跟著我一起踏上正念之旅。

1 正念就是覺知

首先，我想邀你測試一下：把你的視線停留在這些文字上，持續閱讀下去而不看自己的身體，你能否知道自己的雙腳目前是什麼姿勢？也許有人是雙腳伸直，也許有人右腳彎曲，也許有人翹腳，有人盤腿。無論如何，如果你已經**覺察**到你目前的雙腳姿勢，恭喜你，此時此刻你已有了最基本的正念。

近幾年，大家或多或少都有機會聽到「正念」這個名詞。什麼？你居然還沒聽過？若你手邊有iPhone或iPad，把它打開來，蘋果首頁內建的「健康」App中已將正念列爲跟營養、睡眠與運動同樣重要的必需品了。若你用的是安卓或其他系統，上網搜尋「正念」或「mindfulness」這個關鍵字，也可發現成千上萬筆資料。「正念」這個詞的英文是「mindfulness」，若你不認識這個英文字，也別洩氣，因爲早期的英文字典裡並沒有這個字，它是個新的英文單字。

把「mindfulness」拆開來看，它是由形容詞「mindful」而來，原意是留意、留心或用心，加上「ness」就變成一個新單字。它是一個名詞、一種狀態，因此，mindfulness 就是一種「保持留心的狀態」，而非「正確的念頭」或「正向的心念」。不少人聽到「正念」都會聯想到正向、積極，但從原文來看，就會明白「正念」其實跟價值判斷無關。

講得更明白些，正念就是在當下保持對內在的觀照，包括自己的身體動作、感覺心情、念頭想法等，並以開放、接納、不評判的態度，客觀如實地體驗自己的身心狀態，然後更進一步覺察外在的世界。

§ 當代正念潮流的開展

引領當代西方主流社會正念潮流的第一人，就是「正念減壓法」創始人喬．卡巴金博士。一九六〇年代，他還在麻省理工學院念書時，就不斷探索自我生命的價值。即使擁有名校學歷、是知名科學家的兒子、指導教授還是諾貝爾獎得主，他內心的疑問卻沒有少過。有天走在校園裡，他不經意看見一場演講的海報上寫著「meditation」❶，主講者是一位名叫菲力普．凱普羅的美國禪師。在好奇心的驅使下，他跑去聽演講。這一聽，改變了卡巴金的一生。

那天之後，卡巴金開始每天力行靜坐練習。經過一段時間，他發現靜坐對自己身心的幫助非常大。卡巴金認爲，整個西方教育體系強調「思維」，卻缺乏「覺察」的教育，以培養第一手觀察到內在想法與情緒的能力，而這也是正念要傳達的覺知力。

一九七九年，卡巴金終於在麻州大學醫學院內科部獲得一個機會，成立「減壓門診」。當時醫院有一些慢性疼痛❷的病人，無論用什麼方法都無法減輕他們的疼痛。院方束手無策，決定交給致力於正念減壓臨床課程研究的卡巴金試試看，於是有了歷史上第一批「正念減壓課程」的學員。這些飽受慢性疼痛折磨的病人，有企業主管，也有長

❶「meditation」這個字可以譯為靜心、禪修或冥想。在正念領域，我選擇譯為「靜心」或「正念練習」。

❷超過三個月的疼痛即屬慢性疼痛，是一種長期症狀。全台灣截至二〇一五年為止，慢性疼痛人數逾七十萬。此外，每年十月十九日還被定為「世界疼痛日」，可見全球飽受疼痛困擾的人口之多。

年服務病患的護士因為傷到自己的背與雙膝，多年來疼痛難耐。此外，還有睡眠障礙、經常偏頭痛，或者吃再多止痛藥也沒用的背痛病患。

傳統醫學面對疼痛時，無論是醫生或病患，都希望用盡各種方式消滅疼痛，把疼痛當作欲除之而後快的敵人。卡巴金反其道而行，利用正念減壓法要這些病患直接觀察疼痛、感受疼痛，甚至接納這份疼痛，最終體驗到它的本質。

卡巴金的做法顛覆了所有人的既定觀念。剛開始，大家都覺得他有點奇怪，但事後證明，**正念減壓法的確對減輕疼痛有很大的幫助**。

我也曾跟台灣大學的教授與醫生合作過正念相關研究，發現在生理上，神經雖然還是會傳導疼痛感，但主觀上的痛感確實減輕很多。目前為止，醫學界還沒有儀器可以測量客觀上的疼痛，只能仰賴病患主觀陳述、填寫量表，而既然疼痛與主觀感受有關，我們因此可以假設：改變內心，對疼痛的感受就會不一樣。這不是要證明正念可以完全去除疼痛或治病，而是讓大家了解疼痛背後有生理與心理兩種因素。生理上該怎麼做，依舊循著醫學途徑來走，但可以透過正念調節認知與情緒。一旦情緒獲得療癒，生理上也會有連帶影響，進而達到減緩疼痛的目的。

卡巴金的正念減壓課程逐漸受到肯定，到了一九九五年，正念減壓門診轉型，並擴大爲「正念中心」。正念中心不再只是針對臨床治療，還召開學術研討會，研究正念的療癒力，並更大範圍地在醫療院所推廣應用，讓「正念減壓」從原本處理疼痛，慢慢擴及生活其他層面，因爲有愈來愈多科學研究證實**正念對大腦、情緒、認知，甚至分娩、親子互動、人際關係及工作效率等都有一定的正向幫助**。

記得法鼓山的聖嚴法師說過一句話：「佛法這麼好，知道的人這麼少，誤解的人卻那麼多。」卡巴金博士倡導的當代正念，最初就是源自他對佛教禪修的經驗，只是他以自己的科學專長試圖去除宗教內涵，同時又能把禪修菁華與西方的醫學及心理學結合。他提到：「我盡可能具體表現佛陀教導裡的法的本質，並讓飽受壓力、疼痛與疾病困擾的主流美國人得以運用。雖然我並未迴避直陳正念減壓的佛教根源，但是從創立正念減壓法的一開始，我就盡力架構起正念減壓的論述，避免它被看作是佛教的、新時代或東方神祕主義。」經過卡巴金不斷融會貫通，結合東西方的智慧，才逐漸發展出這套每個人都可以在日常生活裡操作的「正念減壓」，並使其普及到西方主流社會。

§ 正念不是要讓腦筋一片空白

卡巴金本人對正念的操作型定義是「有意識且不帶評判地，保持當下留心的覺察」（Kabat-Zinn, 1994）或「刻意地、當下地、不評判地注意時時展開的經驗所產生的覺察力」（Kabat-Zinn, 2003）。在此定義下的正念是「平靜、不評價、時時刻刻持續的，針對身體感覺、感知、情意狀態、想法和想像的一種覺察」（Grossman, Niemann, Schmidt & Walach, 2004）。更扼要的表述方式是「對當下事件和經驗一種接受性的注意和覺察」（Brown, Ryan & Creswell, 2007）。

讓心回到身體裡，處在當下，有時會發現腦中有不少雜念與思緒紛飛。許多人以爲學習正念是不允許頭腦跑出各種念頭，一定要處在一片空白的狀態。這是種迷思，因爲大腦不可能空白，頂多讓你撐個幾十秒，念頭還是會湧現。愈是用力對自己的念頭施壓，反而會因爲過於緊繃導致反效果。

請記住，**正念是覺察，因此並非不要有念頭或想法，而是要「覺察到」自己有什麼念頭與想法**。

2 爲何你需要正念？

許多人閱讀心靈成長書籍或參加各式課程後，會以爲自己從此將過著幸福快樂的日子，不再被外界所擾，不會有沮喪、憤怒、傷心等負面情緒。剛開始也許一切都不錯，但一段時間後可能會發現，自己跟以往一樣，遇到事情仍會被捲入情緒風暴中，因而更加氣惱，以爲自己努力不夠、功課沒做好、修行不足。

小時候，我們理所當然認爲三年級比二年級厲害，四年級比三年級厲害，彷彿一年一年過去，自己會愈來愈強。長大之後，我們發現自己的發展不一定是直線，比較像螺旋狀，來來回回循環，而我們可以讓自己從中一點一點學習。每天的變化對我們來說都是變因，變因一出現，隨時都會打亂自己原來的節奏、步伐。因此我要特別提醒，即使學了正念，我們都要明白，在這個變化無常的世界裡，上下起伏是本質，分分秒秒都會有許多狀況發生，並對你產生影響，甚至是干擾。

§變動的環境與心情，才是正常

這個世界，唯一的眞理就是變化。這變化包括外在環境，更包括我們的心情、念頭、身體感覺，以及我們面對的一切。會影響情緒的原因太多，例如：本來心情好好的，卻可能因爲接到一通電話就破功了；本來要買英鎊，卻沒料到英國眞的脫歐了；突然下起雷雨，飛機無法起飛，延誤了預定行程……影響我們的變數不會只有一個，雖然許多心靈導師提供了一些方法，但不表示你學了之後，這個世界就會變成樂觀正面地單向發展。

外在的變化是一定會有的，而內在的心情起伏不也很正常嗎？昨天可能心情棒透了，但今天也許出現了些許落寞感受，這就像潮起潮落，何不安然地接納它的變化，甚至好奇地欣賞它，就像卡巴金常說的：「你無法停止海浪，但你可以在上面衝浪！」

這就是正念的方向。

卡巴金在《正念減壓初學者手冊》裡提到：「它不是宗教、意識型態、信仰體系、迷信，也不是崇拜。它是一種注意力的單純型態，智慧與自我慈悲由之而起，也是處理壓力、疼痛、疾病、情緒、身體之苦的良藥。這是爲何現在全世界對正念如此感興趣，以及神經科學、臨床醫學和健康心理學以各種方法研究正念的原因。」

如何覺察內在狀態？

正念不是要抗拒外在環境，也不是要消滅負面心情，而是要如實了知自己內在到底發生了什麼事。

人的內在狀態，可用心理學中一個簡單的「認知—情緒—行爲」模式來說明。

關於認知（正念的著力點：念頭／想法）

認知是我們內在屬於思想與信念的部分，對情緒

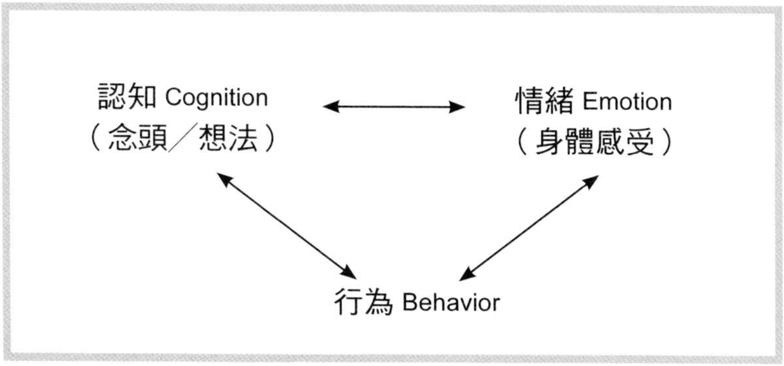

與行爲有極大的影響。以正念的角度來說，**若透過練習觀察到腦海中不斷浮現的各式念頭／想法，我們就可以第一手地接觸到自己的認知與信念，改變的機會就此產生**。

遇到不如意的事情時，腦子會浮現的一個念頭是「我很倒楣」，而無數個念頭累積起來，會形成一套認知模式。例如，憂鬱症患者原本就認爲自己的存在價值低落，服務生收走他的飲料，他可能會想：「他怎麼拿走我的飲料？連服務生都不把我放在眼裡。」無數的自責、自我價值低落或怨天尤人的念頭加起來，就易形成憂鬱症的認知模式；反過來，自信心十足的人當然也會有對自己的良好想法集結起來形成的一套認知模式。因此，對念頭／想法有所覺察，就有可能調節認知，並進一步改變情緒與行爲。

關於情緒（正念的著力點：身體感受）

情緒是我們內在另一個面向，對大部分人來說也許難以捉摸，對正念練習者而言則非常具體，因爲，**所有的情緒都會體現在身體感受上**。例如，剛剛跟家人吵架，現在胸口覺得很悶、不舒服，而且會持續很長一段時間；火大時，身體的溫度眞的會微升。這就是情緒反應在身體感覺上。

情緒對我們的影響極大，但大部分人無法於內在觀察到它的影響力。很多書都教人要改變認知，我們也知道要轉念、要正向思考，但爲何明白道理，實際上卻不容易轉過來呢？因爲，這時卡著情緒，體內充斥著不舒服的感覺，想法也會受到影響。

我記得有一段時間很流行一種鼓勵自己的方式，就是每天出門前對著鏡中的自己說：「我眞棒！我長得眞好看！」這種方法可能有助於讓我們不再聚焦負面的自己，但同時也忽略了情緒與認知的雙向性。我們知道改變認知就會改變情緒，但忽略了情緒這一端對認知造成的影響。簡單來說，我們雖用盡各種方法希望自己的心能夠轉境，但是陷入難過、悲傷或憤怒的情緒裡時，心，要怎麼轉？「我知道，但我做不到。」這就是最好的寫照。

正念有助於覺察認知、情緒與行為

認知、情緒、行爲，三者並非各自獨立，而是不斷相互影響。學習正念就是要讓自己從這三個面向來看自己的變化，這就是覺察。覺察像是站在一個制高點，以一種非我的角度看自己，正念認知（MBCT）的心理學家稱此爲「去中心化」。

即使認知、情緒、行爲三者交互影響，但坊間許多激勵課程都是從認知著手，在這個層面扭轉自己的念頭。爲什麼？因爲相較於身體，念頭比較容易覺察。然而，身體雖然不容易覺察，卻一直影響著我們。

不知道你有沒有過一種經驗？親友向你訴說苦處或傷心事時，你苦口婆心地勸他，搞到最後卻白忙一場。爲何勸不動？因爲，你只在認知層面下功夫，卻忘了身體也會說話。人的身體在負面情緒來襲的當下會充滿不舒服的感覺，心裡有滿滿的情緒，大腦即使想轉也很難，但這一塊容易被忽略。講白一點，心情好時，看什麼都順眼；情緒不好，看什麼都不對。情緒不舒服，就會影響你看事情的角度（認知），因此情緒當然會回頭影響認知。久病的人，無論是臥床或疼痛，身體都充滿不舒服的感覺，你用一張嘴鼓勵他轉念，他要怎麼轉？這就是正念與其他心理學很大的差異點——正念要回頭重新認識身體，並了解身體如何影響心理。情緒與感覺是一體兩面，前者呈現在心理，後者反映在身體。

學習正念之後，我們**透過念頭／想法發現自己的認知模式，透過身體感受覺察自己的情緒**。我們學會以一種非我的角度覺察自己的情緒與認知，這時就多了一個第三者的觀察角度，不再完全陷溺於「我」。

正念，就從當下開始

以上的內在運作過程聽起來複雜，後面的章節還會有更具體的說明，但其實，正念也可以很簡單。

課堂上，我經常請學生深呼吸一下，來感覺什麼是「當下」。你也可以試試看，你現在的這一口呼吸和十分鐘前那一口，已經不是同一口呼吸了，和上個月很開心的那一口呼吸也是不同的。所以，一切都從這一刻開始，你永遠只有當下這一刻。

「當下」也可以是種設定停損點的概念。你就處在當下，當下是唯一的眞實，追悔過去或擔心未來都於事無補，你念茲在茲的事，事過境遷後往往會發現眞的沒什麼不得了。既然如此，何不試著用正念回到當下？試著別再把心力一直投射在不可得的過去與未來。

有時，我們不免會氣自己想要拋下這些惱人的事卻又做不到，包括我也一樣。理想狀態下，我希望自己每天都要靜坐，但有時真的很忙，靜坐這件事就會先被我拋下，然後我會發現自己當天比較煩躁一些。還有，我跟大家一樣也需要使用手機和網路，而我會給自己一些小規定，例如看臉書不要超過十分鐘，但有時手機滑著滑著還真的停不下來，這時就會浮現自責的情緒，懊惱自己怎麼停不下來，但後來又會想，算了，就自暴自棄一晚，繼續滑下去。

同樣的兩難困境，也會發生在戒菸與減肥的人身上。癮君子忍不住又抽了兩根菸或減肥者不經意吃了很多東西，就會萌生「乾脆再抽第三、第四根菸」或「吃都吃了，先吃再說」的念頭，將一切希望寄託在明天，明天再重新下定決心戒菸、減重。

你懊悔上一刻（昨天），期待下一刻（明天），卻忘了身處的當下可以即刻發揮真正的力量。這時，正念便能發揮作用。正念可以讓你設定停損點，已經浪費了半小時，不一定要再浪費兩小時；已經多抽了一根菸，正念讓你不會繼續再抽；已經多吃了一些零食，正念可以讓你不會在此刻放棄減重，繼續吃下去。每一刻，只要有了覺察，都可以是新的開始。

前面提過，這個世界不是直線進行，學了正念也不一定從此幸福美滿，進進退退的情況是正常的，沒有人可以例外，因此不需要自責。只要開始覺察，從現在這一口呼吸重新開始，設定停損點，便可重新出發。

3 正念的助益有科學研究證明

從一九七九年卡巴金博士帶領第一次的正念減壓課程至今，已經超過三十年了，研究正念效果的學術論文累積了數千筆（請見左頁圖）。這些資料顯示，科學已經證明正念訓練確實有效！

加州大學洛杉磯分校醫學院教授丹尼爾．席格彙整多筆研究後，認為正念對人類健康有以下八個正向影響：

1. 改善大腦結構與功能。
2. 改善免疫系統。
3. 提升整體幸福感。
4. 改善職業倦怠。

5.提升注意力。

6.增進人際關係與同理心。

7.基因調節。

8.染色體的端粒品質提升。

§正念可讓大腦升級，提升免疫力

正念訓練可以讓腦部發生結構性變化。與學習及記憶有關的海馬迴（又稱海馬體）灰質層會變厚，能提升專注度與記憶力；與負面情緒有關的杏仁核則會變薄，有助於情緒穩定，改善焦

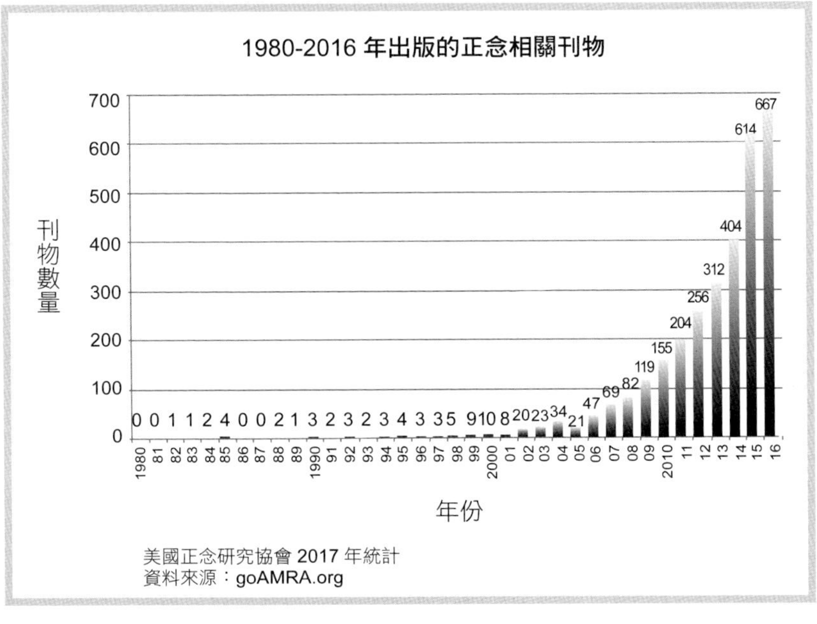

慮、恐慌，情緒管理會更好；而與杏仁核像蹺蹺板一樣此消彼長的大腦左前額葉的活動會更活躍，執行功能也會提升。以上這些改變都是由對照學習正念前後大腦狀態的科學實驗累積而得的結論，證實正念對大腦的確有影響。

過去大家以為大腦發展成熟後就不會再改變，甚至只會一步步退化，但最新研究顯示，大腦其實充滿可塑性，亦即永遠有改變的空間。因此，**即使是成年人的大腦，仍可透過正念訓練改善、升級**。

除了對大腦有益，正念也有助於強化免疫系統；免疫系統增強後，就能有效改善流行性感冒、牛皮癬等各種疾病，並降低慢性疼痛、癌症等嚴重疾病對身心的負面影響。

除了國外的研究，我在二〇一三年也曾與台灣大學的蘇以文教授和周泰立教授合作一個研究案。當時由我帶領三十位學員進行八週的正念減壓課程，而在上課前與八週課程結束後，都透過腦部功能性磁振造影及疼痛量表進行分析，對照之下，證實這三十位學員在課程結束後，疼痛狀況明顯獲得改善，腦部結構也有所改變。這份研究的成果也登上了國際期刊。

另外如癌症病患，完成療程後，仍有不少人會擔心復發，這就會影響情緒與生活品質。而透過學習正念，癌友較能恢復自信心，情緒也更加穩定，生活與睡眠品質都會變好，如此一來，身體的免疫力自然會增強，療癒效果也大增。

正念對企業與上班族的助益

雖然正念起源於醫學，但目前已被廣泛運用在許多領域，從生活、分娩、教育、職場都有。而人的一生少說有三十個年頭會跟工作綁在一起，現代人很多壓力來源都與職場密切相關，因此我特別想和大家分享正念在企業與職場上的應用。

二〇〇〇年起，許多重量級媒體陸續以封面故事等方式報導正念，包括《時代雜誌》《經濟學人》《哈佛商業評論》《富比世》《華爾街日報》《新聞週刊》等。此外，Google、蘋果、臉書、耐吉、高盛、麥肯錫、德意志銀行等國際知名企業也在內部推行正念，協助團隊提高專注力、情緒管理能力與領導力。

在醫學上，有數據可以證實正念的效益，那麼在企業上呢？我曾爲廣達電腦的主管們上過正念減壓課程，一般企業多是分享上完課後的學員回饋，但廣達電腦爲了深入理解正念在企業裡的效益，還找了對照組進行實驗，開台灣企業正念研究的先河。

這份研究有幾個評量指標：

1. 工作場域正念。
2. 情緒耗盡（筋疲力盡、精神耗損、無力感）。
3. 幸福感。
4. 自我效能（對從事某種工作所具能力及對該工作可能做到的地步的主觀評價）。
5. 希望。
6. 復原力（當個體被逆境所困時，能夠堅持、迅速地回復原先狀態，並採取其他途徑以達成目標）。
7. 職場友誼普遍性（個人體驗到自身與職場內其他員工間之人際關係的友好密切感受）。

其中，實驗組的「幸福感」與「職場友誼普遍性」提升了，但對照組也有提升，光是這兩項指標還不足以證實正念的效益；「希望」與「工作場域正念」這兩項指標，實驗組提升，對照組下滑；「復原力」與「自我效能」方面，實驗組比對照組提升更多；至於「情緒耗盡」這一項，是愈低愈好，實驗組明顯降低了情緒耗損，沒上正念課的對照組反而增加。

透過廣達電腦的資料彙整，我們可以看出正念在職場上對員工的幫助頗大，進而可以讓企業主想要提升員工效率與士氣時有所本。

整體來說，學習正念可以幫助上班族降低壓力與焦慮、改善睡眠品質、改善慢性疲勞、減少職業倦怠、提升專注力、提升情緒管理能力（強化ＥＱ）、增進人際溝通能力、提升創造力、增加復原力。

最後，請容我再叮嚀一個重要觀念：**雖然正念確實有不少助益，但千萬別為了單一目的而熱切期待立即效果**。讓我分享卡巴金在正念減壓門診說過的一句話：「多數人來診間是想要放鬆，但離去時的收穫與改變往往超乎他們一開始的預期。這些結果完全無法預測，但都是透過正念練習而得到的益處。」

只問耕耘，不問收穫，一切自然水到渠成。

Chapter 3
正念的核心概念

正念雖然在西方社會掀起熱潮，但它的許多基礎概念都藏在古老的東方智慧裡。正念不是要我們心如止水、不准產生念頭，也不是不准有任何負面情緒；正念，只是要幫助我們看見當下的自己，從身體到心理，從感受到念頭，看見自己的流動與變化，進而昇華與超越。

在此章，我會詳細闡述正念的重要概念與內涵。雖然是逐一說明，但請記得，這些概念之間都是連動且密切相關的。此外，它們看似回到個人自我覺察，但落實後會與他人及外境有更深層的連結。正念，是一門助己助人的學習。

1 當下

昨天已經過去，明天還沒來臨，我們只有今天。

——德蕾莎修女

很多人可能會認爲「當下」只是抽象的哲學概念，但如果能充分體會並活用，就會明白它新鮮活躍且充滿力量。

改變未來的關鍵，在當下

所謂的未來，是當下每一刻累積出來的結果，扭轉未來的樞紐即在當下。「假如當初怎樣怎樣，我現在就如何如何」，這種懊悔的想法都只是頭腦裡的念頭，是過去的記憶與判斷，不一定等於眞實。如果總是不斷讓念頭凌駕眞實，等於放棄了自己當下的力量。若你希望未來事業更成功，那你此刻在想什麼？是悔恨，還是抱怨？你希望自己未來更好，那你此刻在做什麼？不斷抱怨只會讓你沉浸在過去的記憶與受害者心態而已。

你應該看過瀑布，瀑布最迷人的地方就是那傾瀉而下的波瀾壯闊。我想請你思考一下：瀑布到底是什麼？它看起來是具體的一串水流在那裡，從高處往低處流，你定睛瞧著眼前的水，瞬間它就流到下面，成爲一方平靜無波的水塘，跟你上一刻所見的那一段水已經不一樣了。你根本抓不住任何屬於瀑布的事物；換句話說，那一剎那在你眼前流過的水，不斷地流瀉、變化，但也因此，瀑布才能成爲瀑布，才有美感。

再舉個例子。請你先緩緩吸一口氣，感受氣息在你鼻腔內，慢慢進入胸腔，然後慢慢吐氣，接著再吸、再吐。這些看似重複的呼吸，上一口氣並不等於這一口氣，你現在的這口呼吸也已經不是十分鐘前那一口了。吸入的，永遠是新的氣息。

時間之流與瀑布、呼吸很像。雖然我們總說日復一日、年復一年，但這些看似重複的分分秒秒歲歲年年，其實都是獨一無二的，難怪有人認爲時間是幻覺。但這不是否定瀑布的存在，瀑布是眞的，時間也是眞的，只是萬物都在不斷變化之中。

也許你會問：「昨天我被客戶臭罵一頓，這件事難道不存在嗎？」過去發生的事件當然是眞的，但你問我這個問題的這一刻，你並沒有被客戶臭罵，那些事件是存在你的記憶之中。因此，所謂的昨天、去年、前年，是存在大腦裡的記憶。那些事是眞的，但你不可能眞的回到那個時刻，不可能回到三年前的某個時間點，也不可能跳到三年後，你唯一眞眞實實擁有的，是當下的此時此刻。當下就是唯一，也是全部，而每個當下都是動態的，充滿變化，剛剛那口呼吸跟現在的不一樣，眼前的瀑布也不等於上一刻那個瀑布。

眞的想讓未來更好，就該把握當下這一刻，播下種子。未來，是由現在創造出來的。

無限的剎那連在一起，就是永恆

卡巴金每次與讀者見面時，總是充滿熱忱一一爲讀者簽名，完全沒有疲憊神色。那是種「一期一會」的精神，也是當下即永恆的體現。

我認識一位編劇家，她就曾以「剎那即是永恆」的概念作爲一齣戲的創作主軸。我們對這個說法並不陌生，甚至有個廣告名句：「不在乎天長地久，只在乎曾經擁有。」然而，若逐一細究其中元素，去探求什麼是天長地久，什麼是剎那，什麼又是永恆，這些琅琅上口的句子可能頓時變得無法解釋清楚。

很多新人結婚時滿心期待要永遠相愛，但什麼是永遠？六天、六個月、六年，還是六十年？六十年聽起來比較像永遠，假設你很幸運地在二十歲遇到對的另一半，然後活到八十歲，一起度過六十年，這樣有到永遠嗎？當然沒有。相守一輩子跟永遠是兩件事，一輩子是有限的，永遠則是無限的。因此，重點不是永遠，「永遠」是你永遠達不到的目標；重點是現在的你有沒有好好面對此時此刻與另一半的互動。如果常常吵架、總是擔心對方外遇，或者擔心未來生病會拖累另一半，你的心都沒有安住在每一個當下好好與對方分享了，又如何能夠期待未來、期待永遠？

回到「剎那即是永恆」這句話。單就詞彙分析來看，剎那就是剎那，是無限短的時間；永恆是永恆，是無限長的時間，剎那怎麼會變成永恆呢？

答案是：恆持剎那。「恆持剎那」就是心永遠定住在此時此刻，心就在不斷的剎那裡，當無限的剎那連在一起，就是永恆。這是超越時間與空間的概念，因為你的心住在當下時，那會是無限寬廣的世界，所以當下也與無限的過去和無限的未來同在。

活在當下就是什麼都不要想？

經常有人誤以為當下就是空白一片，不要檢討過去，也別想著未來。曾經有學員問我：「老師，活在當下是不是會變得呆呆的？腦袋是不是要變成什麼都別想的白紙？」我聽了只是莞爾。當下不是封閉自己，不是什麼都不想的白紙，反而是要好好享受此時此刻，好好珍惜和善待此時此刻出現在你生命裡的人事物，並善用此時把手上的事用心做好，而非老是思前想後。

假設你今天下午的任務是專心撰寫明年度的計畫，寫著寫著，你突然分心去想晚上該吃什麼，並且真的拿起手機開始找餐廳。我想請問你，明年離現在還滿遠的，晚上離現在比較近，那麼，是專心一志地把明年度計畫好好寫完，或是跑去想今天的晚餐，比較合乎把握當下的精神呢？我想聰明的你一定已經知道答案了。**活在當下的重點是你能否井然有序地列出輕重緩急的優先順序，然後當下腳踏實地去執行**。

如果你決定不管明年度的計畫，先解決晚餐比較重要，到了第二天，你也許會懊悔昨天沒有好好規畫；而第二天又可能被另外的事干擾，遠在天邊的明年度計畫又暫時被擱置……如此循環不已，直到時間將至，你才驚覺：「怎麼未來已經來臨，我卻完全沒有準備？」這就是沒有好好掌握當下的力量，也誤以為當下與看似遙遠的未來沒有直接關係所致。

每個當下都是力量所在

因此，活在當下也有設定停損點的意思。我在上一章提到，為了某件事懊悔，你已經浪費了半小時，就不需要再浪費兩小時鬧彆扭；你想減重，卻多吃了一些零食，就不要再花時間責怪自己，甚至全盤放棄今天的減重計畫，戒菸也是。你只要記得，**每個當下都是新的開始，是力量所在，不要把期望放在明天**。掌握當下，會讓你止跌回升。

當下會讓你活力充沛，源源不絕，不瞻前顧後，不思前想後，你可以很行雲流水地、開放地擁抱每個剎那，自然不會再把時間放在無謂的追悔與擔心上。心像個容器，你要在剎那的心裡裝入什麼？是憤怒，還是後悔？是擔心，還是感恩？要在心裡放入什麼，你可以自己決定。

卡巴金在《正念減壓初學者手冊》裡這麼說「當下」：「重新回到我們擁有的唯一時刻——也就是當下此刻——將是終生的功課與冒險。照顧好這一刻對下一刻會產生顯著的影響，也將影響你及這世界的未來。」

讀到這裡，我想請你再吸一口氣。你又新吸了一口氣。此時此刻的你，在做什麼？我要恭喜你，因爲當下的你正在閱讀能讓你成長的書，這一刻，你已經踏踏實實活在當下，未來自然會有所不同。

2 專注

能自願一遍一遍地把自己遊走的思緒拉回來，這是判斷力、人格和意志力最根本的體現。如果無法做到這樣，沒有人會成爲自己的主人。可以改善這種能力的學習，才是卓越的學習。

——威廉・詹姆斯（美國心理學之父）

正念要鍛鍊的內在能力，大致可分兩種面向，一是專注力，二是覺察力。覺察力是正念最核心的要點，而專注力則是重要的基礎。

想要鍛鍊專注力，有許多不同的方法，有人念誦或聆聽某些音節，有人觀想某個影像，而在當代正念的課程裡，我提供的方法是以**呼吸**作爲心所留意的對象。

在此我要特別提出一個重要概念：很多人對正念練習有所誤解，以為靜坐就是要讓頭腦變成一片空白，因此許多對正念一知半解的人或初學者都會希望自己快速達到「完全靜止無念」的狀態，很怕腦中有念頭升起，或者很用力想消滅它們，結果往往中途而廢。其實，對絕大多數人來說，要讓腦袋一直不冒出任何念頭是不可能的，若誤以為心無雜念才是唯一標準，反而會讓人因為目標太遙遠而放棄。

有雜念是很正常的

事實上，有念頭是正常的，大部分人在大多數時間裡腦中都是雜念紛飛。若透過正念靜坐發現這個事實，不但無須懊惱，反而要恭喜自己有這樣子的發現呢！

很多人都沒有覺察到這個事實，還以為自己很專心，包括還未學習正念禪修之前的我。記得大一時，我有次正在讀統計學的教科書。讀著讀著，室友突然從背後拍我一下。

「陳德中，你在幹麼？」室友問我。

「我在看書啊。」我覺得室友很奇怪。

「看書？看你個頭！我看你連續半小時都在同一頁，沒有翻頁，嘴角還掛著傻笑……」

眞是一語驚醒夢中人，這是我第一次發現原來我腦海中經常會有雜念，心常飄出去做白日夢。如果不是這次的經驗，我還以爲自己基本上算滿專心的。

很多人都以爲自己很專心，但事實上，他們根本連自己的心是散亂的都不自知。坐在電腦前，你以爲自己正專心工作，但你看看電腦開了多少視窗，半小時裡滑鼠偏離工作的視窗幾回？有多少念頭一冒出來，你就隨手用電腦處理？

因此，正念靜坐時若發現自己有很多雜念，心不斷飄走，請記住，這很正常，千萬別自責！

那麼，該如何透過正念練習加強專注力？關鍵在目標設定：不要把目標設定在「頭腦一片空白，不能浮現任何念頭」，而是要設定在「當念頭升起時，能覺察到它的存在，發現之後不必懊惱，當下回來觀察呼吸即可」；換句話說，別要求心都不會飄走，而是把目標設定在心飄走之後，可以發現這情況，並輕輕帶回呼吸。

不怕念頭起，只怕發覺遲；**要覺察念頭，而不是消滅念頭**。心若飛了出去，輕輕地把它帶回來就好。鍛鍊專注力絕不是一次就能達陣，鍛鍊的目的也不是為了單一目標，還包括在過程中訓練耐心，久而久之，專注力自然愈來愈好。

關於專注力的幾個迷思

迷思1：修習禪定會發展出超能力嗎？

電影《魔女嘉莉》描述一個被霸凌的小女孩壓抑多年後，突然發現自己只要能專注心思，就可以擁有超能力，用專注力移動物品。雖然這只是改編自史蒂芬．金的科幻小說，但不可否認的是，專注力對人的確有很大的效用，而以東方傳統來說，就是禪定的修行。

一般人的念頭是散亂的，所以你必須有足夠的力量去力挽狂瀾，這股力量就是專注力，或稱定力，是你可以集中心神的能力。《哈利波特》的世界裡把人分為兩種，一是有魔法能力的人，一是沒有魔法能力的麻瓜。現實世界雖然沒有哈利波特那些魔法，但就正念來說，包括麻瓜在內的任何人都可以藉由訓練擁有專注力。只要接受系統性訓練，每個人都可以成爲自己內在超能力的擁有者。這份超能力不是飛簷走壁的能力，不是神祕力量，而是你可以成爲自己的主人，不被情緒所擾、失控或暴走。有人以爲擁有超能力就可以改變世界，但從古至今，眞的有巫師改變了世界嗎？反而是那些能專注在自己熱愛的工作上的人，如居里夫人、愛迪生、賈伯斯等，才是翻轉世界的要角！

迷思2：專注等於離群索居？

讓我開始對靜心很有感覺的起點是禪坐。透過禪坐靜心，我可以進入一種平靜喜悅的境界，那是吃喝玩樂都達不到的感受。以佛教來說，那是接近禪定的輕安境；以當代正念而言，若夠專注，內在狀態確實會不太一樣。

然而，進入這份專注也可能會誤入陷阱。如果只是爲了追求定力帶來的輕安感，可能反而會讓你想遠離人群，想要更離世索居，這麼一來，把自己關在門裡就會有源源不絕的喜悅，還需要工作嗎？還需要關注別人、對人慈悲博愛嗎？關起門來獨善其身更快樂啊。這種鑽入黑洞不管外界的「定」，不是當代正念要談的專注。正念並非外在世界的避難所，而是要你站在更高的觀照點去覺察萬事萬物的流變。

因此，重要的是**透過專注而覺察**。專注可以讓我們有更穩定的視野觀照一切，卡巴金在《正念減壓初學者手冊》裡提到：「觀照本身才是重點，在於感知者（你）與被感知者（任何你留意的目標）之間的關係，這一切終將共同匯入一個連貫且有力的整體覺知。」專注是讓心穩定，但不是貪求那份平靜。心穩定後，更要訓練我們站在一個高度去認識眞實的自己，觀察到內外正在變動，也要與外界連結，明瞭世間眞相，這樣才會讓自己與他人都眞正提升。

3 覺察

卡巴金曾說「正念就是覺知」，正念最簡單直接的定義，就是覺知。覺知／覺察是正念真正的核心。

覺察什麼呢？整體。覺察是一種動態過程，讓我們帶著力量去探索一切，從自己的內在開始，漸次擴及到覺察他人與外界，讓我們處在當下無論是喜怒哀樂哪種情緒，或是失控、不安、沮喪的事件裡，都能透過覺察讓自己看見更寬廣的面向。

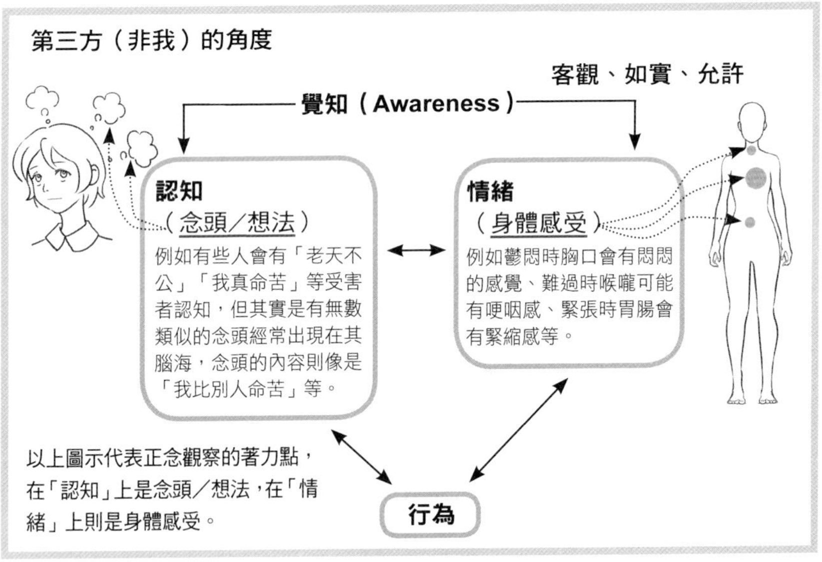
第三方（非我）的角度
客觀、如實、允許
覺知（Awareness）
認知
（念頭／想法）
例如有些人會有「老天不公」「我真命苦」等受害者認知，但其實是有無數類似的念頭經常出現在其腦海，念頭的內容則像是「我比別人命苦」等。
情緒
（身體感受）
例如鬱悶時胸口會有悶悶的感覺、難過時喉嚨可能有哽咽感、緊張時胃腸會有緊縮感等。
以上圖示代表正念觀察的著力點，在「認知」上是念頭／想法，在「情緒」上則是身體感受。
行為

覺知內在三角

時時覺察自己當下的肢體狀態

正念覺察源自佛法的傳統修行「四念處」：身（體）、（感）受、心（念）、法（則），這是古典禪修的四種觀察對象。後三個面向，我之後還會分別說明，這裡僅簡單帶過。

談到身體的覺察，不知正在看書的你，此時的肩膀是聳起的，還是放鬆的？**身體覺察的著力點，在靜態時是你的姿勢，動態時則是你的動作**，因此時時都可以向內覺察自己當下的肢體狀態。

正念課程中有瑜伽伸展，透過伸展動作觀察自己的心在何處，看看自己的手和腳擺在哪裡、是什麼姿勢。這不一定要用眼睛看，而是用心感受，慢慢覺察自己動作的每一個細節，每一個動作有沒有了了分明、自己真正的狀態爲何。更重要的是，把覺察自身姿勢和動作變成習慣，帶到日常生活裡。

我有個學生是工廠的老闆娘，腿部與膝蓋長年不適，看過醫生、吃過藥，也沒有太大幫助。工廠有個放置貴重物品的保險箱，爲了安全起見，她就放在自己辦公桌的下方，外人比較不易看見。而她工作非常忙碌，常常坐在辦公桌前使用電腦，一坐就是一整天，經年累月都是如此。來學習正念之後，她才突然覺察到原來桌下的保險箱正好卡到她的膝蓋，使她的雙腳必須放在比較不符合人體工學的位置，經過這麼多年，居然現在才發現！後來，她將保險箱移到其他安全處，沒多久，腿部與膝蓋的毛病不藥而癒。可見，即使只是在身體姿勢的層次，正念覺察就有很大的幫助。

除了身體之外，可以試著進一步覺察內心的念頭、想法，此即四念處的第三念處。

覺察讓你明白你以為的不等於真實

多年前，我有一次在辦公大樓的大廳遠遠看見一位交情還不錯的同事，喊了他一聲，結果他沒理我，逕自走掉。我不知道發生了什麼事，一直在想自己哪裡得罪他，讓他不高興。我的心情因此變得不太好，也不斷檢討自己是不是做人很失敗，不然原本交情不錯的同事怎麼會突然對我愛理不理。這件事在我心裡擱了一上午，然後同一天下午，我在辦公室別處又遇到他，才知道他得了麥粒腫（俗稱針眼）。因此，實情是他眼睛不舒服、腫起來，覺得有點糗，不想讓我看到他的眼睛，便裝作沒聽到我打招呼。幸好後來我知道了眞相，恍然大悟，覺得自己很好笑。

好了，講到這裡，你應該明白上午讓我痛苦的是誰了。是我的念頭與想法，還是我的同事？當然是前者。

假如不知道他有麥粒腫，我的情緒依舊會停留在沮喪裡。其中的關鍵是：你有沒有覺察到自己的認知是否爲眞？你有沒有親自確認？你看到的事件，是不是眞如你所想的那樣？**有覺察力的人不怕面對真實，並活在真實之中；反之，沒有覺察力的人，就會活在自己的想像裡**。大部分人都習慣自我檢視、批判，容易覺得自己不夠好。我們很怕自己做不好會讓別人不滿意、讓別人生氣，也怕被人發現自己很糟糕。這是覺察，覺察到自己總是在批判自己。

相信許多人小時候一定都有過被父母或長輩恐嚇的經驗，例如不乖就會被警察抓走、晚上會有鬼出現，這些都是很深的恐嚇。也許父母講這樣的話是爲了要我們乖巧懂事，我們卻因此種下災難性想法的種子，對自己表現不好容易有很深的自我批判，甚至自我恐嚇。我們就這麼一路被教導到大，幾乎沒人告訴過我們，我們習慣的這一切都可以重新被覺察——不是質疑、不是批判，只是換個角度大膽確認：眞的是這樣嗎？這一切究竟是眞實的，還是虛構的？如果沒有覺察，多數人會認爲它理所當然是眞的；但懂得覺察以後，我們對外在事件與自己的反應就會有不同的視角，重新應對。

所以，覺察是邁向人生的希望的第一步，也是擺脫過去習性造成的枷鎖的第一步。唯有透過覺察，你才能跳出眼前的框架。

除了念頭／想法，正念要覺察的還有感受與情緒（四念處的第二念處），而由以上幾個例子你應該也可以發現，「念頭／認知」與「感受／情緒」是會互相影響的，之後還會進一步影響行爲，而我們的行爲則會造就未來的命運。關於覺察與超越「認知—情緒—行爲」這個三角形，可見本文最前面的圖，後面談到「認知與念頭」及「情緒與感受」時會再詳細說明。

覺察是為了更認識自己

覺察，可以讓受苦中的人減少受苦，讓不快樂的人增加快樂。有時，我們被一些聲音鼓勵或聽了一些激勵的話語後，很明顯地會往正向思考，但可能經過一、兩天，甚至只過了幾小時，很快又落入慣性的負面思考裡。不過，這是很自然的，畢竟這樣的思考模式跟著我們好久好久了，一下子要擺脫並不容易。而有了覺察能力，再掉回負面思維時，至少還能發現自己的負面信念，而不是處於不自覺的狀態。

這有什麼差別呢？處於不自覺的狀態時，我們會成爲受害者，把所有責任都推給外在；但若經過覺察，我們會以如實、客觀、不批判的角度看待自己與事件，也就不容易一直陷在埋怨、沮喪、憤怒、無力的情緒裡。

四念處的更深一層則是：正念不只觀察對象，也要觀察對象背後的特性。比方說，感受（情緒）具有變化性，而透過身體掃描，身體的感覺就能被觀察出來。爲何要覺察？因爲身體的感受與情緒習習相關，例如心情不好時胸口可能會悶悶的、生氣時心跳會加快，觀察身體感受有助於覺察情緒。

無論感受或念頭，都會不斷變化，這是法則。所以，正念不是站在一個定點不動，而是要動態地去觀察眞實的自己。我是誰？誰又是我？正念就像高解析度的相片，讓我們更能看清楚自己，也更有自信地接納自己——不是期待中的自己，而是眞實的自己。

4 認知與念頭

信念不只是心裡持有的想法，而是想法占滿了整個心裡。

——羅伯特．鮑特（編劇）

很多勵志書都談到成功的關鍵之一是要改變自己的「信念」，傳統心理治療也常提到改變「認知」能帶來的重要影響（如認知行為治療及理性情緒行為治療）。這些理論基本上都

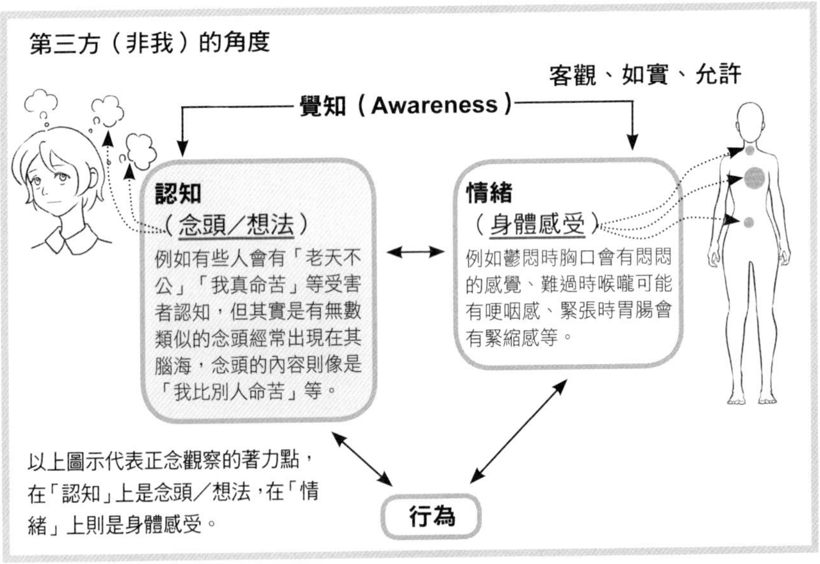

第三方（非我）的角度
客觀、如實、允許
覺知（Awareness）
認知
（念頭／想法）
例如有些人會有「老天不公」「我真命苦」等受害者認知，但其實是有無數類似的念頭經常出現在其腦海，念頭的內容則像是「我比別人命苦」等。
情緒
（身體感受）
例如鬱悶時胸口會有悶悶的感覺、難過時喉嚨可能有哽咽感、緊張時胃腸會有緊縮感等。
以上圖示代表正念觀察的著力點，在「認知」上是念頭／想法，在「情緒」上則是身體感受。
行為

覺知內在三角

沒錯，例如「我很容易失敗」「世界愈來愈糟」「我談戀愛一定會被劈腿」「同事都不喜歡我」「爸媽偏心」等受害者心態，就是一種潛在的信念或認知模式，如果腦子裡有這類慣性負面認知，不但讓自己痛苦，還會影響行為與未來境遇。

然而，很多人看完勵志書或聽完激勵型演講都明白這個道理，一段時間後卻沒有太大的改善，到底是爲什麼？

原因當然很多，但其中一個重要關鍵，就是大部分人內心散亂、心猿意馬，無法清楚發現內心的信念或認知。

那麼，正念要如何在這方面提供協助？我們追本溯源，透過靜心練習培養「覺察」心中「念頭或想法」的能力。

分辨不出念頭與事實的差異，心與腦都會很忙

認知或信念到底存在何處？它們是以什麼型態出現？事實上，**認知（或信念）是由無數的念頭累積而成**，如同一面磚牆是由許多磚塊堆砌起來的。而透過前一章節提到的

覺察，我們先**以單一念頭為著力點，慢慢發現自己的認知**，才能眞正解決問題。

而念頭／想法又是什麼？你現在可以實驗看看：在接下來的兩分鐘裡專注地觀察呼吸時氣息的進出，其他什麼都別想，讓頭腦保持空白。你可以開始倒數計時了。

你會發現，你的注意力不會乖乖停在呼吸上。它會開始想東想西，可能是回憶，可能是計畫，可能是想像，也可能是無厘頭的胡思亂想，而出現在腦海中的這一切，統稱爲念頭或想法。

迷失在念頭裡時，我們的心會陷進去不斷地想，而且會從A聯想到B，從B聯想到C，心在極短時間內就被帶得很遠，就像跳上一列火車，不久後可能突然又會下車。

第一章提到，找你麻煩的，眞的是你的老闆嗎？或者，是你的念頭在懲罰你自己？下午四點半被老闆罵，到了晚上八點，腦子裡還是老闆罵人的畫面，但這時老闆早就不在你面前了，罵你的是「你的記憶／念頭」。還有，前述的「我很容易失敗」「同事都不喜歡我」其實也是個念頭／想法而已，只是它會重複、大量地出現。

請千萬記住，念頭只是個念頭，想法只是個想法，它們不見得等於事實。**當你透過靜默觀察，發現你心中的想法只是想法，這些想法並不就是「你」或者就是「真實」，將會是**

種釋放與自由。

負面念頭的來源

人會有負面的念頭或想法，首先與父母有關，因爲我們從小就是透過父母的教養方式認識這個世界。請回想一下，自己小時候被父母叮嚀過多少次「不要跟陌生人講話」「不可以太得意，會樂極生悲」？這些告誡的意圖本來是良善的，是父母害怕我們受傷而提出來的，但背後呈現的是焦慮、害怕與不安全感。

然而，這個世界的眞實狀況只有如此嗎？不安全，是唯一的狀態嗎？

也有些父母心中較有安全感，會給孩子一個安全的成長空間，也比較相信人。當孩子在充滿安全感、祝福與信任的環境長大，心中抱持的信念比較會是對自己與他人的信任與愛，他們跟心中習慣性地擔心、恐懼或否定的孩子表現出來的行爲與未來際遇，自然大不相同。

除了父母的影響，我們負面信念的第二個來源是媒體。我很少看電視，偶爾在外用餐看到店家的電視播的新聞，常常很納悶：現在的新聞都是擷取自監視器與行車紀錄器，不然就是客人手機自拍上傳的投訴內容嗎？

這些內容的問題不在眞假，而是不斷聚焦與放大衝突。明明絕大多數行車紀錄器的內容都是平安無事，明明絕大多數餐廳的顧客都愉快用餐，但這些在全體所占比例很小的內容卻不斷被放大報導，以致社會大眾逐漸以爲處處都不安全、處處是奧客與奸商、開車容易發生車禍、醫病糾紛不斷。若經常將這些內容灌進意識裡，大家內心會愈來愈焦慮不安，我們反而變成這種集體潛意識的共犯。你因爲怕遇上奸商，就會一直用挑剔嚴格的眼光去看別人，於是不知不覺變成奧客；怕遇上不好的醫生延誤病情，你變得更難搞，然後醫生怕你告他，也開始自保，醫病關係怎麼會好？

不知你有沒有聽過「視網膜效應」？也就是當我們產生某種特別需求或意念時，就會開始聚焦在與需求有關的人事物上，同時自動濾除那些與需求無關的訊息，所以進入眼前的，都是經過我們的「認知」這個視網膜選擇而來的。

有位朋友跟我說，某天早上她出門前特別叮嚀比她晚出門的丈夫：「吃完早餐，要收拾餐桌。」丈夫也答應了。猜猜看，她回家後首先會注意哪個地方？沒錯，就是餐桌。若丈夫沒有收拾好，她一定會非常火大。但是，她丈夫或許當天廁所掃得很乾淨、臥室收拾得很整齊，也或許他那天身體不適，可惜這些她統統不會去注意，因爲她所有心思都放在餐桌上。

你愈關注什麼，什麼就會被你放大。你以爲你已經知道的，未必是完整的事實。若無法覺察自己的念頭，非但不易看到事實，還會讓生活十分忙亂。

想想看，我們會因爲多少念頭分心：

想到瓦斯沒關，起身去關。

看到他對我愛理不理，覺得他對我不滿。

工作到一半，想起電話費還沒繳，被停話了，想要趕快處理。

打開電腦，本來想要查某件事，結果開了好多視窗，好像什麼訊息都很重要，一下子看大聯盟新聞，一下子看健康新聞，看到「情侶最常見的九件事，第五件是……」標題很吸引人，你又點進去了。結果，最重要的事情都沒查。

這些念頭冒出來，有的是眞，有的是假。無論眞假，唯一確定的是：如果一直跟著念頭轉，我們會忙得不得了！

學會覺察念頭，才有機會轉念

若擁有觀照內心的能力，就會發現每天心中都有成千上萬個念頭，其中有部分可能是事實，但也有很多不過是猜疑與擔心，或是沒有執行必要的胡思亂想。請記得，別把每一個念頭都當眞。假如處在一個只是看到想法升起與消逝的清晰心理空間，我們就能看出它們只是暫時經過的浮現。如同卡巴金所言：「當念頭或想法冒出來時，假設你能退一步，從旁清楚地看著它，你就能爲事情排出優先順序，並做出明智決定，知道哪些事情確實該做，又該停止做哪些事。因此，這個認清想法只是想法、念頭只是念頭的簡單動作，可以將你從它們創造的扭曲現實中釋放出來，並讓你擁有更清晰的遠見，以及更大的生活管理智慧。」

我們是念頭的主人，無論浮現什麼念頭，都不必去消滅，保持一個高度與距離觀看念頭來來去去，不隨它們奔波。拉出一個舒緩空間後，哪個念頭要執行、哪個不執行，自有判斷，這絕對會比跟念頭攪在一起好，而轉念，也只有在這種高度與彈性中才有可能發生。

認清念頭，不再聚焦於外界如何回應我們、造成我們不安之後，更有力量的練習是去回想：自己做了什麼事讓別人開心？我們是不是可以從自己開始以身作則，讓環境變得更好？此刻，你會發現最快樂的人是你，因爲你已經擺脫受害者意識，進一步將正能量散播出去。

你總是憤世嫉俗，或者常心懷感恩？這些都是念頭，**透過覺察，你就會清楚知道自己的認知是什麼，而轉念的契機，就在其中。**

5 情緒與感受

如果周遭的任何事物讓你覺得不舒服，那是你的感受造成的，而非事物本身如此。

——奧雷流士（羅馬皇帝）

正念的覺察目標除了認知（念頭）外，另一個重點就是情緒（感受）。

如同前文所說的，很多人都知道

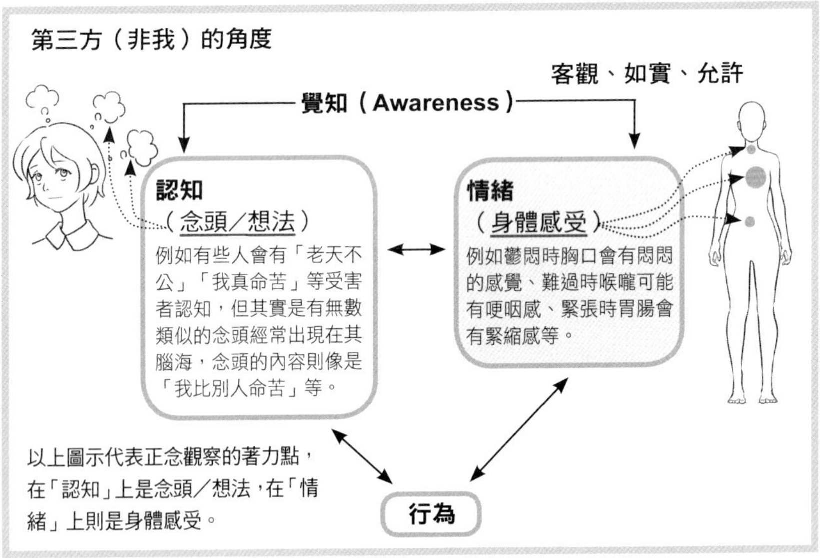

第三方（非我）的角度
客觀、如實、允許
覺知（Awareness）
認知
（念頭／想法）
例如有些人會有「老天不公」「我真命苦」等受害者認知，但其實是有無數類似的念頭經常出現在其腦海，念頭的內容則像是「我比別人命苦」等。
情緒
（身體感受）
例如鬱悶時胸口會有悶悶的感覺、難過時喉嚨可能有哽咽感、緊張時胃腸會有緊縮感等。
以上圖示代表正念觀察的著力點，在「認知」上是念頭／想法，在「情緒」上則是身體感受。
行為

覺知內在三角

要改變信念或認知，甚至你的朋友失戀或在工作上遭受挫折時，你也會用各種道理來勸他們，但往往效果不彰，爲什麼呢？因爲人還有另一個面向，就是情緒與感受。當一個人心中充滿情緒、身體充滿不舒服的感覺時，認知與想法都會受到影響。勸人者自己體內沒有那些不舒服的情緒與感受，也不知道原來對方身體裡有那些不舒服的情緒與感受，只是講講道理，當然用處不大。

所有情緒都會反映在軀體上

人不是只有理性層面，很多行爲其實都受到內在感受的影響，但未經覺察，很多人都沒有發現。

有個女孩小時候在人群中走失過，她邊哭邊找爸媽，不小心撞到一個身穿紅衣的男人，被破口大罵：「哭什麼哭！」結果小女孩哭得更大聲。接著，一位好心的藍衣女士看到她，趕緊帶她去服務台廣播尋人，才找到走散的父母。後來她談了幾段感情，才發現一件事：她不喜歡男友穿紅衣，喜歡男友穿藍衣；此外，她也不喜歡紅色的家具。未婚夫以爲她任性，她討厭被指責任性，卻也說不出個所以然。其實說穿了，只是因爲她看到紅色時會微微引發潛藏在心中的不舒服感受，藍色則會微微引發藏在她心中的安全感。

遇到同一件事，不同的人會有不同的行爲反應，這跟每個人的生命經驗有關。我們每天都在經歷各式各樣的事情，心與身體也都在經歷不同的感覺，有些與當下經驗直接相關，有些則跟過往連結。

因此，覺察情緒變成非常重要的功課。而**正念的著力點，是在身體的感受，因為所有情緒都會反映在軀體上**。

我們常聽到「臉紅脖子粗」，知道這是形容一個人在生氣，那是軀體上很具象的表現，而「怒火中燒」可能也是胃酸分泌而有灼熱感；悲傷，甚至憂鬱的人，會呈現沒有力氣、內縮、胸悶、整個人往下沉的黑洞般的感覺；焦慮或恐懼會讓身體有另一種反應，包括心跳加速、呼吸急促、腸胃緊縮；開心高興的情緒則會帶給身體愉悅的快感。以上無論哪種情緒，一定會體現在軀體感受上。

而這些感受會影響我們的想法，也會影響行爲。許多人類行爲是內在感受引起的，讓人覺得舒服的事情我們會想多做，讓人覺得不舒服的事我們則想避免，如同前面那個小女孩的例子。

面對事件的當下，先把注意力拉回「感覺」

閱讀至此，我想請你閉上眼睛，回想最近這陣子讓你比較痛心難過的事件或人，或是讓你喘不過氣、不知所措的巨大壓力。請你仔細想，彷彿事件重演，或者你的擔心成眞，把那令人不舒服的情節與畫面想得愈具體愈逼眞愈好。

想像那件事或那個人此刻眞的在你眼前，然後靜下心來觀察身體各部位，例如胸口、喉嚨、胃腸等，看看是否出現不舒服的感受。

正念要做的，就是**在面對事件的當下，暫時先把自己從故事情節（事件）中移開，回到軀體感受上**。

所以，在喚回事件情節後，先不要聚焦於埋怨老闆不公平，或是氣惱被老闆責罵，你要做的，是先把注意力放在身體的不適感上。或者，你想起前一陣子跟父母意見不合，甚至吵架，當下生出一股委屈感，就好好觀察委屈感存在軀體那個部位——可能是胸口，可能是喉嚨噎住——先把焦點放在身體感受上，不要分心去怨恨父母。

想起那些事件時，請緩緩深呼吸，然後感覺一下胸口、喉嚨，再感覺一下胃腸與肩膀。在每個身體部位的感受上停留一段時間，例如持續關注二十秒以上，慢一點，然後再換下一個部位。這項練習已經趨近我將在第四章提到的身體掃描，透過身體掃描，我們可以把心慢慢帶回身體裡。

正念藉由覺察情緒與感受，以客觀、開放、不批判的態度接納自己，與感受同在。

以客觀第三者的角度觀察自己

觀察、經驗不舒服的感覺，需要一點勇氣。對多數人來說，趨吉避凶是正常反應，遭逢難受之事自然會想逃避，急著轉移注意力，例如去喝酒、找人抬槓、把怒氣投射在其他事情上，這樣就可以再度與不舒服的感覺暫時分離。然而，一次不面對、兩次不面對，甚至一直不面對，傷痛不會過去，只會愈藏愈深，之後連自己都不知道爲何會爲了一樁不起眼的事件失控。其實，這與長期累積在內心沒清理的負面情緒有關。

因此，當湧現不舒服的感受時，就勇敢地用第三人的角度如實看它，去經驗那個讓你恐懼害怕的感覺，試著心甘情願地觸摸它、接納它。它就像你內在長期被忽略的小孩，一個委屈的孩子，其實也是某一部分的你自己。

所謂從第三人角度觀察自己，是要知道：不舒服的感覺不是「陳德中好難過」「陳德中好悶，老是被罵事情做不好」，這些都是落入「假我」的思維中。眞正的第三人角度是體驗後可以分辨是喉嚨被噎住，有哽咽感，不是「陳德中」好可憐；是胸口很悶，不是「陳德中」很慘。關於這個「非我」的概念，會在之後的章節進一步解釋。

身體有感覺跑出來，不是「我」好痛苦，是胸口不舒服、胸悶，不要急著把這些感覺和「我」畫上等號。感覺，就只是感覺，是一個客觀對象。切記，不要把「我不夠好」「我當時應該怎樣」「誰又怎樣怎樣」這類負面思維捲進去，如此一來，這些情緒就會慢慢被超越。

負面情緒不會一次就清理完畢

在此要提醒一件重要的事：負面情緒無法一刀兩斷，不是一次就能清除完畢。甚至，我要說，人生來就是在體驗情緒起起伏伏、負面情緒來來去去的過程，終其一生，我們都會在正面和負面情緒中不斷看見、不斷學習。

十多年前有次打禪七時，本來覺得靜默、觀察呼吸，倒也平靜。可是很奇怪，到了第二天、第三天，我心裡隱隱浮現一股緊張焦慮的感覺，覺得坐立難安，就跑去問主持禪七的師父。他告訴我，有些感覺不是打禪七這幾天才出現的，之前發生過一些事，但我們可能當時很忙，無暇處理情緒，直到現在有空停下來，過去累積的情緒能量才有機會跑出來。此刻，我們能做的就是**允許情緒出來，看著它，並接納它**。

那次的經驗很深刻，讓我明白了人不會沒有情緒，但情緒會來來去去、不斷變化。我們總希望自己可以達到一個美好的境界，這是個不可能做到也不太對的目標。人的情緒就像潮起潮落、月圓月缺，經常性的變化才是它眞實的本質。

正念不是外在形式上的激勵，而是要你覺察，然後接納——覺察到「不是我很糟糕，是

這個情緒不舒服」，並學習接納「不是自己不夠好，而是要培養耐心」。這些情緒來來回回，不會一次到位，你對自己的情緒要有耐心。面對創傷，你可以選擇逃避，但它仍舊會回頭找你，唯有一次一次以耐心面對自己、陪伴自己，然後，「穿越」就會是水到渠成的結果。

最後，提供幾個簡單實用的技巧，下次面對負面情緒時，你可以自己練習看看。

面對負面情緒的實用技巧

1. 別「想」事件，回到「感覺」（或呼吸）。

2. 「STOP」

S（stop）：先停下來。

T（take a breath）：體驗呼吸。

O（observe）：觀察感受（客觀、如實、第三人）。

P（proceed）：繼續。

3.「RAIN」

R（recognize）：知道有強烈情緒出現。

A（allow）：允許並如實知悉自己的強烈情緒。

I（investigate）：探究身體、情緒和念頭。

N（non-identify）：不認同強烈情緒等於我。

6 變化與非我

一切有爲法，如夢幻泡影，如露亦如電，應作如是觀。

——《金剛經》

「變化」與「非我」，傳統名詞叫「無常」與「無我」，乍聽像深奧的哲學，卻是可以應用在現代生活的實用概念。

變化，是唯一的真實

無論內在身心或外在世界，有一共同法則就是「變化無常」。而一般人只要面對遺憾的事，往往會想到「無常」兩個字，讓無常幾乎與負面畫上等號。

其實，無常就是變化的意思，而變化不只有壞事，也可以是好事。沒有無常，你不會長大；沒有無常，你不會脫離單身，踏入婚姻；沒有無常，你不會生小孩；沒有無常，大學畢業二十二K，十年後還是一樣，你要嗎？如果不是無常，種子不會發芽；如果不是變化，窮人無法翻身；如果沒有變化，疾病不會被治癒，醫學技術不會有突破；如果一成不變，人就無法期待更好的生活。所有事物都在變化，因爲變化，才會有希望。

有一次在戶外靜坐時，發現蚊子正在叮我，我就想試試不驚動蚊子會觀察到什麼。起初，牠在叮的時候，中間有一個點，接下來這個紅點變成一個圓，因此面積改變了。另外，一開始有點刺痛，後來才變成癢，所以性質也變了。本來只有一點點癢，不久後愈來愈癢，但過了一段時間又完全不癢了，看來感受的程度也只是變化的過程。

軀體的感覺是這樣變化，情緒的感受也一樣。人遇到挫折、低潮時，經常會覺得胸口悶，接著是一連串的情緒反應。其實你可以觀察一下軀體感受，也許本來是左胸悶，後來整個胸口都悶，但客觀觀察一段時間後，也許又沒那麼悶了。總之，它不是那麼固定不變，也並非那麼眞實。

因此，情緒感受出現時，請不必急著驅趕它們。感覺只是在變化中，並非永恆不變的眞實。一旦發現變化的本質，就不會被箝制、制約。別老是把那些感覺當作「我」或「我的」，慢慢地就會超越，而這便是「非我」的角度與態度。

當覺察的高度出現，我們就能明白人的情緒感受是一個變化過程。人的思想念頭也是，透過靜坐，我們可以知道自己冒出多少念頭。而即使信念與價值觀比較不容易變，但還是會變。去審視自己的念頭，會發現念頭並非完全眞實，唯一確定的是念頭的流動過程。感受也一樣，就像被蚊子叮咬，一開始刺痛，然後愈來愈癢，但慢慢地又不癢了，而且不會有疤痕。從不癢到癢，從癢到不癢，這是大自然的法則，不會靜止停格在某一狀態。只要能理解這個特性，對生命會有很大的撼動。

念頭只是念頭，感受只是感受，它們其實是因緣牽動並不斷變化的過程，而非等於「我」。看清了，自然不會受其所困。我們不再是念頭與感受的奴隸，反而可以透過更寬廣的覺知，成爲其主人。

局部不等於「我」

「非我」的概念可以應用在很多地方，包括生理疾病與疼痛。**若以第三者的角度客觀面對感受，尤其是疼痛，我們可以痛而不苦**。卡巴金在正念減壓課程也是以這種方式引導病患面對、觀察身體的疼痛。

長期飽受疼痛所苦的人，會面對「主要疼痛」和「次要疼痛」。主要疼痛來自身體，包括疾病、外傷，這些對肉體的傷害可能很巨大，但更折磨人的，往往是次要疼痛。身體長期飽受折磨，心理會跟著糾結於焦慮不安的狀態中，內外交迫下，痛感會被放大。壓力和恐懼一旦反映在生理上，可能導致原本的病情或傷口惡化，帶來更多疼痛，甚至阻礙療癒復元進度。像這樣身心交互影響，陷入一種惡性循環，但若能透過覺察與身體掃描，讓疼痛者提升心理高度，不再把疼痛和疼痛者本身畫上等號，這時就可以找回對疼痛的承受與控制力。

有了覺察力，即使身體疼痛，但不會受苦；若無法覺察，無法讓自己從客觀角度面對疼痛，就會落入受害者情緒。

我有個朋友從小就喜歡運動，有一次因爲一個拉伸的動作受了傷，去看醫生，醫生彷彿宣判死刑般告訴他：「從此以後，你不能再運動！」

他被醫生的話嚇到，種下一個信念：「我完了！這輩子再也不能運動了。」那時他才四十歲。然而，他學習正念後明白一件事：「未來，是信念創造出來的。如果我覺得自己是病人，我就眞的是病人；假如我不把疾病和我畫上等號，我就不會被疾病限制。」

有一次，新課程的班上出現一位行動不便的女孩，讓我思考是否要放棄帶領「正念行走」，以免造成她的困擾。但是，考慮到其他學員的學習權益，我最後決定依照原本的課程計畫進行，帶著全班練習，同時詢問她是否願意參加。

令我感動的是，即使拄著拐杖，她依然加入正念行走練習，而且課程結束後分享心得時，她主動談及整個課程讓她受益最多的不是靜坐、不是呼吸，反而是正念行走。她說，雖然她走路不方便，但透過移動的身體來感受、覺察「身在哪裡，心就在哪裡」，同時也接納自己的「受限」，反而更能保持專注與開放，她也因此體驗到前所未有的行走經驗。如果我當時基於好意，捨掉這堂正念行走練習，她就少了一個開放學習的機會。

如同第一章提到的那位罹患罕見疾病的學員，她在完成正念課程後跟大家分享，過去的她總是非常在乎自己的病，別人一看到她就想到罕病，她也這樣看自己。學習正念後她才體驗到，情緒只是情緒，感受只是感受，疾病也只是疾病，「罕病只是我的一部分，並不是我的全部」，她仍是美麗的整體。

從行動不便與罕病的例子回到面對疼痛上，道理是一樣的。人沒有十全十美的，如果讓自己一直沉浸在「不夠好」「限制很多」這樣的想法裡，就眞的無法跨出去。重點不是過去如何如何，而是現在的我能做什麼，讓我的未來更好。前面提到的那位被醫生宣判不能再運動的朋友，他覺察到未來的自己是由當下決定，於是不再用限制性想法框住自己，反而開始祝福自己，調整身心狀態，從瑜伽、游泳著手。後來不僅傷勢痊癒，還去參加游泳比賽，成績斐然，之後把這一路上的經驗寫成書，與更多人分享。

愈想控制變化無常的念頭與情緒，你會愈焦慮

除了觀念之外，若進一步往深層走，正念要覺察的不只是情緒與念頭本身，還要覺察它們背後的本質與特性。

往深處走有兩個層次，第一是上述的**明瞭本質**，第二是**接納與允許的態度**。

現今有各式各樣的身心靈成長課程，也有各式各樣的靜心冥想練習，而正念有個很重要的特點：並未設定一個目標在那裡。正念不是要讓你在靜坐時達到某種特殊感受或境界，也不要學習者從紅塵俗世抽離，反而要你在此時此刻看清眞實；也就是說，它沒有咒語儀軌，不觀想特殊形象，也不追求身體的特殊喜樂感。正念只是要你明瞭你是誰，明白世間運作的眞實法則爲何。一旦了解眞實運作法則，我們就比較有機會從執著中解脫，來到另一個高度。

什麼是眞實法則？就是變化無常。世事沒有恆常性，這是個客觀事實。世間的一切都處於動態變化過程，人會失望，都是因爲眼前擁有的會變化、會消逝，沒有任何一件事物會持久不變。但靜下心來觀察，你會發現連你自己都是天天在變，每天都會有一點

不一樣。

透過靜心觀察，只要十分鐘，你會發現已經有無數個念頭飄來飄去。情緒也一樣，即使我們都希望保持好心情，但心情如同月亮盈虧，而月圓月缺的更迭本來就很自然。你的情緒上午還好好的，下午可能就掉下去，這是自然的起伏，不一定是憂鬱症，因爲幾乎沒有人可以恆常處在喜樂中。不管你多努力，心情都不可能不變，即使聽了振奮人心的勵志演講或閱讀充滿正能量的書，那一刻好像有滿滿的正能量，但下一刻可能又會改變。

大家都希望最好天天心情愉悅，但假如你只讓自己處在好心情裡，不允許有壞心情，那麼一旦出現不好的感覺，你會非常失落，反而容易認爲自己是個失敗者，無法掌控自己的情緒，這便會導致焦慮。

心，本來就會有變化。月圓月缺、潮起潮落、花開花謝，心情起伏就跟大自然的變幻莫測一樣，內在與外在相互呼應著，也都在變化著。

無我，讓人更豁達而積極

「非我」並不是什麼都沒有，而是不可能有獨立恆常的我，所有個體都是相互依存、相互影響，並不斷變化。就像混沌理論說的：「一隻蝴蝶在巴西輕拍翅膀，可能導致一個月後德州的一場龍捲風。」其實，我們都休戚與共。

魚缸裡的某一條魚躲在角落排泄，看起來跟另一頭沒關係，其實是同一缸水。同樣地，全人類就像一個缸子裡的魚，都是整體的一分子，所以，不要自私地自掃門前雪，因爲沒有人可以在別人的痛苦中獨自快樂。眞正提升自身福祉的方式，就是明瞭自己與世界的連結。因此，無我是積極的，是相互依存的關係。盡可能讓自己成爲地球公民的一分子，與眾人連結，如此我們就可以一起提升。

面對萬事流變，我們慢慢學著不去在意未來得失，而是留意自己時時刻刻的內心與行爲。重點不在過去發生什麼事，以及擔心未來會發生什麼，而是此時此刻的你正在做什麼。

未來是由現在創造的，這當然是基於無常、動態，可能性才會存在。回到當下，就可以看見未來。正念不是要人死守一定的境界，而是要人看見希望，並珍惜每一個當下，從當下開始向前努力。

更進一步來說，正念不仰賴特殊儀式消除煩惱，而是從自己的身心變化、由內而外地觀照萬事萬物。一旦明瞭眞實，自然會減少很多執著與煩惱。明白無常這個事實之後，你會更豁達、不執著，這是積極的態度，而非消極。時時刻刻都付出你能奉獻給人類的心力，善待自己與他人，做你該做的事，讓自己了無遺憾。因緣生時，好好努力；因緣滅時，順其自然。這是一種動態的積極豁達，也是正念的人生態度。

沒人知道二十年後的自己會是怎樣、二十年後的世界又是如何，但可以確定的是，此刻就在創造二十年後的歷史。二十年後要怎樣，從現在這一刻開始決定，就從當下的心、當下的言語、當下的行爲開始。對於生命，我們有決定權。

7 連結

有個男人穿過一片樹林，有人問他：「樹林裡有些什麼？」

「喔！我看到一部發電機。」他說。

「還有呢？」路人又問。

「沒有了，我只留意到發電機。」他說。

「那你剛才在想什麼？」路人接著問。

「我都在想等一下要跟朋友碰面的事，沒想什麼。」男人說。

讀到這一小段對話，我想你可能覺得滿離譜的，怎麼會穿過樹林只看到發電機，連一棵樹、一株小花小草，甚至陽光都沒進入他的視線？換成一隻松鼠，牠注意到的會比人類多太多。牠會注意到森林裡的風吹草動、氣味與聲音，是我們人類慢慢失去了與自然連結的本能，感官也遲鈍了。

豐盛，貴在連結

現在，你可以測試自己的五感還有多少敏銳度。

五公尺以內，你聽到什麼聲音？

十公尺呢？

五十公尺呢？

五公尺以內，你聞到什麼味道？

十公尺呢？

五十公尺呢？

你現在覺得熱，還是冷？

你的桌子是什麼顏色？有沒有紋路？什麼樣的紋路？

抬頭看看四周，窗外現在的風景跟昨天有什麼不同？

你可以隨意找一件物品，然後盯著它一段時間，你會發現你現在看到的和你之前以爲你總是看到的很不一樣。

生命本是豐盛的，只是我們常常忽略了與外界的連結，只活在自己的想像中。我們很仰賴頭腦，思考很發達，以致身體感官喪失了大部分的作用，就像穿過樹林的那個男人一樣，一直用大腦想，卻沒看到就在眼前的事物。

只要能與外界連結，其實你是富有的。走在公園的某條步道上，在那一秒鐘，你腳下踏踩的石板就是屬於你的石板，旁邊的小鳥正在唱歌給你聽，眼前飛過的蝴蝶也在爲你舞蹈，公園的清潔人員是爲了你打掃、爲了你修剪花木。這時風吹在臉上，是大自然給你的禮物；陽光從雲層灑下，是老天爺給你最好的恩賜。

關鍵在於：你能否領略生命裡本來就有的豐盛？

懂得與外在世界連結，你就擁有體會喜悅的能力，你的內在會較爲富有，而非匱乏。匱乏來自內心，愈覺得匱乏，你就眞的會匱乏；反之，若你覺得富足，你眞的會更加豐盛，並因此開心。

有一次，我跟長輩去拜訪一位住在信義計畫區的董事長。他家屋子外觀看來就像一般豪宅，但裡頭別有洞天，庭園不僅植入了一大片綠樹，還有人造雨。他喜歡聽雨聲，只要想聽，隨時都能聽。除此之外，他還有頂級音響設備，在家裡也能享受絕佳音樂饗宴。可惜，因爲事業太繁忙，加上還有其他房子，他其實不常待在這裡。那麼，以上這些頂級環境與設備，是誰在享受？

想欣賞飛機起降，一定要擁有飛機嗎？當然不是。有錢人眞的自由嗎？即使看起來都是他擁有的資產，但有了又如何？他有這麼多房子，卻無暇享受；萬一過勞，也享受不了。所以，到底要有多少好房好車，才叫富足？如果他的時間與身心不能自在來去，被工作、被層層責任制約，看似富有，卻無法連結這些物件，聽不到、聞不到、碰不到、對外界無感，那麼擁有再多豪宅，實際上也與他無關。

剎那就是永恆，每個剎那都可以豐盛，都能處在喜悅能量中，這樣會有比較好的信念，人也會比較穩定，人際關係自然變好，客戶信賴你，工作自然也會成功。你不必等賺到一億才是快樂，此刻，你就可以快樂。坐在咖啡店裡，一杯咖啡、一張椅子、一張桌子，再多一扇窗戶給你美麗的風景，此時，你能享受一個美好的下午，就是富有。

連結的三個層次

與自己的內在情緒連結

快樂其實不需要太多條件，關鍵在於你能否與自己連結、與萬事萬物連結。

首先，與自己的內在感覺連結。有一回，我在科技公司帶領課程，一位男性工程師說他與太太的關係本來很不好，一直吵架，結果上完八週的正念減壓課之後，夫妻關係意外變好了。這中間發生了什麼事？

原本正念減壓課程主要是回到個人，處理失眠、焦慮等情緒，人際關係只是「延伸」。這位工程師在學習正念前，每次跟老婆發生口角，滿腦子就會湧現老婆的缺點，愈想愈氣，愈氣愈想。「想」是認知，「氣」是情緒，大腦和身體連成一氣，兩人自然吵得沒完沒了。學習正念後，每次到了臨界點、準備吵架時，他會先擱置事件，把注意力拉回來體驗自己身體上出現的不舒服感。神奇的是，當他把注意力從要跟老婆吵架的內容轉移到自己身上時，就沒有那麼想吵架了。即使衝突的感覺仍在，至少不會整個人都捲入漩渦裡，後來跟老婆的爭執也比較能夠就事論事，不會因爲情緒上來就翻出扯不完的舊帳，全是人身攻擊。

這就是我一再強調的，遇到事情，別急著解決事件，而是先回到自己的身體感受，先面對、照顧、處理情緒，與自己的感覺連結。

與自然連結

抬頭看看今晚的月亮，雲層有多厚？太陽今天有沒有露臉？盆栽有沒有冒出新芽？你是否感覺到有風？氣溫如何？你聞到什麼？聽到什麼？看到什麼？就這麼不斷與外界連結，便不會陷溺在假我的想像狀態裡。大部分人的信念，負面遠超過正面，充滿不安的假我更容易讓自己與外界對立。若能開放五感，透過視覺、聽覺、觸覺、嗅覺，甚至味覺與大自然連結，你會覺得大地母親是豐盛的，自己也是自然而喜悅的。

台積電的門房管控很嚴格，手機、隨身碟都不能帶，外人要進入公司也要按照程序。有一次，我應邀去爲台積電員工上課，提早抵達公司門口，要帶我的人還沒到，因此我想請警衛先讓我進去，結果警衛不准。我想，上週才來過一次，警衛應該不會忘記我吧？

「上週我有來過，您記得嗎？」我試圖喚醒警衛的記憶。

「我上週沒有値班，很抱歉，我不認識您。我想對你們來說，警衛都長得一個樣，我們沒有名字，也沒有臉孔。」

聽完之後，我突然因爲沒有仔細且善意地去覺察他的面容而覺得好慚愧。原本是希望喚起他的記憶，結果因爲記錯人，反而勾出他對自己這份工作的無奈。警衛或保全也是人，也會有喜怒哀樂的。

事實上，職業無貴賤，每個人都在自己的崗位上認眞完成該盡的責任，我們應該試著多以覺知、善意及感謝去看待每天遇見的不同面孔。

另一次，我去陽明山的研習營上課，快要遲到了，打算停好車後就快步奔向教室，結果被警衛攔下。

「先生，您的車沒停好。」他溫和地告訴我。

一聽到這句話，我就起了防衛心。換成你，我想也會有類似不舒服的感受。我緩了一下，看看停車場的設計，發現那停車場不大，而因爲大部分人都會開車上山，如果警衛沒有好好引導，本來能停五十輛車的空間，也許只能停三、四十輛。假如我沒有靜下心來觀察，還眞會覺得警衛在找碴。

我們從小習慣與人對立、爲自己辯解，第一個對立的人就是自己的父母。我們會在防衛中虛張聲勢。現在常常在電視新聞裡看到奧客與店家起爭執，或者飛機停飛，乘客怒飆櫃檯人員等，都是因爲太過理直氣壯，致使雙方更加對立。

我們習慣全副武裝，習慣這是個競爭的世界，我看到警衛的直覺也是這樣，潛意識裡把他當成競爭對手，好像不是我有理他輸，就是他對我錯，雙方永遠只能玩零和遊戲。但如果卸下自己的防備，與世界連結，與陌生人連結，非但不會讓自己陷入危險，反而更安全，因爲有這麼多人與我連結。

我記得那天是暑假的上午，當我覺察到自己的防備心時，突然覺得自己很好笑：他這麼盡力工作、指揮來車，他不認識我，幹麼多此一舉害我、責備我？是我自己喚起了被人指正的不愉快記憶。那警衛是位老先生，在這種天氣下工作，揮汗如雨，於是我停好車後，還特別對他說了聲：「警衛大哥，謝謝你！」

只見他朝我走來，我本來還以爲他要幹麼，沒想到他脫下帽子，對我點了點頭。

「我在這邊這麼久，看著這麼多人來來去去，你是第一個跟我說謝謝的人。謝謝你！」他不斷向我道謝。我當時很不好意思，不過說了聲謝謝，就讓他回以鞠躬禮，而我一開始甚至還不高興他指正我！但是，也因爲這份示好與連結，我整天心情都很好，我相信他也是。

人與人之間不是敵我分明的界線。我不確定以後是不是還會再見到那個警衛，我們都不是彼此的誰，卻有很好的交會。以此延伸，去咖啡店可以跟服務生有好的互動，在捷運上給陌生老太太一個笑臉，進電梯時給裡頭的人一個微笑，競爭者的心防自然會卸下。

如果人與人可以有比較好的連結，就能一起往上。在這個世界裡，向上的前提不是把別人壓下去，集體一起提升是可以的。就像戰爭，無論誰贏，最後都是輸家，沒有絕對的贏家。如果要說贏，那麼我死一萬人，你死兩萬人，我就是贏家嗎？

從與自己連結開始，連結自己當下的情緒，再透過感官與大自然連結，最後試著與他人連結，你會是最愉快也最富足的幸運兒。

8 努力與無爲

即使在這個比較自由的國家，大部分人僅僅由於無知與錯誤，也仍舊是這般被造作出來的顧慮與多餘的操勞弄得心困體乏，以致無法攀摘生活中比較美好的果實。他們的手指由於過分的勞動，已經太笨拙了，抖得太厲害了。眞正人格的內外一致性，需要有閒暇才滋養得出來，但勞動的人日日都沒有這種閒暇。

——梭羅《湖濱散記》

努力與無爲，乍看似乎相互矛盾，但若能巧妙運用而達到平衡，生命會更充滿喜悅，也更完整。

人類的活動模式大致可分爲「作爲模式」（Doing）與「存在模式」（Being）。作爲模式是人類大部分的行爲模式，包括想要得到什麼、不想要什麼，例如：我每天早上幾點上班、搭幾點的車、今天要開幾個會、要做多少簡報、達成多少業績、下班要去買幾樣菜、晚上回家要做什麼、假日要去哪裡玩。連睡覺都是在作爲模式的思維裡進行，例如：我要吃安眠藥才睡得著、我要怎麼做才能有好的睡眠品質。

只作為，不存在，生命會失衡

這些計畫或方法，你一定耳熟能詳，相信你或多或少也是這樣度過每一天。作爲模式不僅是人類大部分的狀態，人類發展也的確需要這套模式，無論創造、發明、科技、建設等都需要。

相較於作為模式一直用力向前展望，存在模式則是一種當下的經驗。以睡眠來說，愈想睡卻愈睡不著，是因爲把睡眠當成某種要努力爭取的目標，反而進入「對抗或逃跑」模式，更難放鬆入睡。因此，最好的方法就是「不要追求睡眠，讓睡眠自己來找你」，去看看嬰兒、小動物。睡眠是很自然的事，而非必須奮力才能達成的目標，以作爲模式想盡辦法得到睡眠，反而容易造成失眠。如果這時能讓自己安在當下，放下得失心，去感覺呼吸與身體，只要體內有疲勞，睡眠自然會來，這便是應用了存在模式。

科學發展至今，的確需要仰賴作為模式，但也因為過度依賴，使我們面臨更多瓶頸、焦慮、精神壓力與無力感。如果能讓存在模式也進來，使兩者達到平衡，人類的發展會更完整，也更健康。

梭羅對人類文明提出反思，後人認為他有先見之明，但想像一下，他身處的十九世紀，一切都在向前奔馳，經濟只有直線發展的邏輯，梭羅大概會被認為是很不入流的知識分子，至少不為他身處年代的主流價值所接受。

然而，以正念的角度來看，梭羅代表的就是存在模式。他在華爾騰湖邊體驗自然，以身體五感去體驗風、陽光、綠蔭與花草，看似浪費時間的生活模式，卻是人類失去已久的渴望。

你，有沒有好好地存在著？有沒有真正地活著，好好感受每一刻？

有人很喜歡登山，喜歡攻頂、記錄爬過多少座山的征服感，卻忽略了攻頂前的幾天幾夜在山林裡見到大自然千變萬化的風貌。你能否在踏出每一步時與腳下所踩的土地連結？能否每一刻都享受山林裡的豐富生命？

存在模式與作為模式同樣重要

遭逢重大事件與困難時，試著在習慣的危機處理方式（作爲模式）中騰出點空間，留給存在模式——也就是說，除了怨天尤人或橫衝直撞，另一個方法是先靜下心來，體驗自己當下的狀態與感受。

例如，憂傷時有人想喝酒，有人狂吃一頓，有人會找朋友訴苦，目的都是爲了有所作爲，要「消滅」悲傷情緒，這是作爲模式。如果是存在模式，就是與憂傷共處，從內在層面去觀察情緒變化與身體上的感覺，去經驗悲傷帶給你的身體感受。

作爲模式會讓你以爲用頭腦掌握了一切，卻忘了自己內在的能量仍未尋得出口，仍在醞釀；而存在模式讓你眞正體驗生命，先回到身與心，接納自己，等能量充足後，自然會繼續往前走。

存在模式也許會讓你擔心害怕，甚至很不舒服，但你是否記得我之前提到的情緒與感受的流變？沒有任何事情或狀態是恆常不變的，這些感覺都會過去，不好的也會慢慢消失；也就是說，你無須處理，它自己會流逝。

不過，我並非因此認爲存在模式優於或重於作爲模式，這兩種模式對我們的生命同樣重要，只是身處文明世界的我們多半忽略了存在模式。有時，你得努力做些事；有時，你只要經驗自己，透過呼吸等正念練習，開放內心去經驗一切，並接納它，讓汲汲營營的你回到一個簡單卻不容易的初衷：好好活著。

不用力的努力，不消極的無為

正念其中一個重要態度是「無爲」，這跟東方哲學也有關。無爲聽起來消極，其實是無所不爲。現代人太用力聚焦在自以爲的狹隘結果上，結果不僅達不到目的，反而導致巨大的焦慮感。

正念仍然鼓勵努力。你應該經常聽到「只問耕耘，不問收穫」，要不要耕耘？當然還是要！不過，只問當下耕耘的過程，不去擔心尚未到來的收穫，因爲我們深信未來已經在當下創造了，走過過程，結果自然水到渠成。

從小，我們一直被期待長大後要出人頭地，做個有用的人，於是努力規畫人生：大學要念什麼系，畢業後要做什麼工作，然後結婚、生小孩，同時要買房、買車，年年要安排度假，也要及早規畫退休人生……現在很多年輕人剛出社會，工作上還沒衝刺，已經在計畫退休生活，這是不是有點荒謬？

看著細心安排的計畫，似乎萬無一失、滴水不漏，人生應該就此圓滿，擊出全壘打，回本壘得分。偏偏，什麼都不缺的你喪失最多的是每一個當下。

有一次，我去一個治療不孕症的醫療機構演講，聽眾絕大多數都是不孕的夫婦。我問他們：「你們的人生，到底在追求什麼？」有人說：「如果有一天驗孕時，驗孕棒上出現兩條線，將是最開心的事！」因為他們覺得努力多時，終於成功。

我接著問：「兩條，就表示永遠的成功嗎？未來保證一定生出來而不會小產嗎？」現場鴉雀無聲。我又問：「好，眞的順利產下，就是成功了嗎？嬰兒仍有許多疾病風險，你會有很多事要擔心，成功了嗎？好不容易上了幼稚園，你擔心他會被欺負；上了國中，你擔心他成績落後；上大學，你擔心他念的科系不好；出了社會，你擔心他找不到工作；找到工作，你擔心他娶不到老婆、嫁不到老公；結婚後，你擔心他不生小孩；生了小孩，你又擔心孫子怎麼照顧……請問，哪個時間點才算成功？」

所以，成功眞的只有目標與結果嗎？其實我想拋出的議題是，這些夫妻太在乎他們想要的結果，完全忽視過程中的種種體驗，包括另一半的陪伴、夫妻之間的互動與扶持、過程中的點點滴滴。存在模式一點都不消極，反而是更積極地連結每個當下。

而且除了無爲，正念也強調精進，精進是努力的意思。乍聽之下，努力與無爲像是光譜的兩端，其實，正念談的努力是我們仍須踏實付出行動，但不患得患失地期待結果。努力付出的同時，去感受自己的腳步、喝下的每一口水，好好呼吸每一口空氣，好好與自己同在，不把心思全放在成敗上，只管在當下的路上一點一點往前走，一次一事，踏實地把手上這件事做好，就會不知不覺抵達那一端。

最後，與你分享我聽聖嚴法師說過的一句話：「成功就是起點，失敗就是經驗，過程就是結果，現在就是全部。」

9 慈愛

請不要懷疑：體諒他人，對你我都有益。
請不要質疑：別人快樂，我們也就快樂。
請不要否認：社會動盪，我們跟著不安。
也請不要置疑：愈多壞心眼占據我們的心，我們就會有愈多苦難。
因此，我們可以拒絕接受宗教、意識型態，以及各式各樣的智慧箴言，
但我們不能逃脱愛與同情的需要。

——達賴喇嘛

幾年前，《搜尋你內心的關鍵字》成爲全球熱銷書籍，作者是Google資深工程師

陳一鳴。智商一五六的他肆無忌憚地幽了自己公司一默，「開心一哥」外號不脛而走，後來乾脆直接印在名片上。在全球最夯的網路公司做事，很多人都無法理解他爲何開心得起來。他的答案是：第一，他是正念修行者；第二，他養成一個習慣，無論何時何地看到誰，老人、小孩、送貨員、司機等任何陌生人，他心裡都會升起一個念頭與心情：「我希望你快樂！」陳一鳴發現，送出這樣的祝福，即使對方不知道，也不一定因此快樂，他自己卻愈來愈開心。

別人的痛苦，就是我的快樂？

在前面的章節裡，我提到「連結」與「非我」的概念，相信你慢慢能理解正念談的整體觀。世界是相互依存牽動的整體，我們無法以傷害別人的方式得到快樂；即使可以，也很短暫。

我有過這樣的經驗：有個朋友做了件讓我覺得很受傷的事，我因此對他頗不滿。有一天，我得知他發生不太好的事，一時之間還眞有種幸災樂禍的快感。但是，那種暗自竊喜的快感只持續數小時，而我的工作、我的煩惱仍在，我的日子還是要過，完全沒有因爲幸災樂禍的宣洩而讓自己的生活更美好。

他人不愉快，我就會更快樂嗎？我們當然都知道這是兩回事，完全無關，但也不是因此就要馬上原諒得罪我們的人、原諒犯錯的人，重點仍在於我們是否回到自己，自己的內心能否時時充滿喜悅。就像開心一哥一樣，經常保持開心，就能時時給予他人祝福。當我們明白自己與整體是休戚與共的，自然會愈來愈快樂。

事實上，功能性磁振造影掃描大腦的結果顯示，慈悲是最快樂的心態。如果能像陳一鳴那樣，養成祝福他人的習慣，甚至進一步眞心誠意持續不停地關心他人，一步一腳印地去做，久而久之，相信你一定會內心安泰，且時時刻刻都是滿心喜悅。

§ 同理是慈愛的基礎

每個人都希望快樂，但眞實人生也有痛苦；我們都渴望愛與被愛，在情緒裡浮浮沉沉。世界上所有的人，不分種族、族群、國家、膚色，都跟我們有一樣的本質。當我們明瞭自己與世上其他人沒有什麼不同時，就會升起對他人的同理心，而同理是慈愛的基礎。這個世界不像漫畫或卡通那樣有絕對的邪惡與絕對的正義，卡通有黑白二元對立，但眞實世界不是這樣。

我曾在第一章以繪本《敵人》的故事爲例：戰爭裡，甲方的將軍爲了激勵自己的戰士，刻意製作手冊塑造敵人的邪惡；打贏之後，他們也在敵軍俘虜身上搜出同樣的手冊，內容幾乎一模一樣，只是那個邪惡的人換成自己。究竟誰是正義之師？誰是邪惡軸心？其實，我們都一樣是人，一樣是渴望愛與喜悅、會爲痛苦而難受的人。

我不是天主教徒，但每次看到德蕾莎修女都會莫名感動，她那滿是皺紋的溫暖臉龐會讓我充滿勇氣。雖然沒見過她本人，也不是眞正認識她，但我總覺得很有力量。德蕾莎修女奉獻一生，從內而外希望窮人得到幫助的那種純淨能量，讓她不在乎獎項、捐助。她就這麼義無反顧、無私地希望人快樂，不必講大道理就能讓人感受到喜悅與平靜。

能量是會散發出來的，所以我相信若能抱持慈愛的心，受益最大的是自己，然後是家人、親友、社區、公司……一層一層擴散出去。我只是凡人，無法創造世界和平，但假如我們內心都能擁有慈愛的品質，每個人都是一個同心圓，愛的圓圈會愈來愈大，所有人的快樂都會提升。你贏我也可以贏，你好我也可以好，雙贏、共好的慈愛才是人類得以一起向上提升的能量。

慈愛的練習

現在，請放慢閱讀速度，跟著以下步驟練習，試著眞的在內心那樣想、升起那樣的心情。

首先，放鬆身體，體驗一下呼吸，感受與接納現在的自己。

再來，祝福自己。

相信自己值得被愛，相信自己值得快樂；希望自己少點身體的病痛，少點心裡的煩惱；希望自己一切平安、喜悅、健康、幸福，也相信自己值得。

感覺一下呼吸，讓自己沉澱一下，慢慢升起祝福的心情。

其次，祝福從小到大幫助過你的人。

回想一下，有哪些人曾在你最需要幫助時伸出援手，然後，在心中跟他們說聲謝謝，也希望他們現在一切平安、喜悅、健康、幸福。

感覺一下呼吸，讓自己沉澱一下，慢慢升起祝福的心情。

接著，祝福父母。

在你幼小時，他們辛苦撫養你，無論他們是否安在、狀態如何，你都可以對他們獻上祝福與善意。雖然父母並不完美，但相信他們已經盡己所能以最好的方式照顧你了。在心中跟父母說聲謝謝，也希望他們一切平安、喜悅、健康、幸福。

感覺一下呼吸，讓自己沉澱一下，慢慢升起祝福的心情。

然後是你最親的家人，包括伴侶、孩子、手足、好友等。

這些是你最關心、最親近的人，但也因爲親近，容易產生摩擦。試著在內心回想他們對你的好，謝謝他們帶給你快樂，來到你生命中。假如你曾讓對方不舒服，就在心中道歉。無論如何，希望他們一切平安、喜悅、健康、幸福。

感覺一下呼吸，讓自己沉澱一下，慢慢升起祝福的心情。

接下來，想想周遭的朋友、鄰居、同事、同學等。

即使關係沒那麼親近，他們依然和你休戚與共。感謝他們曾於某些時刻在生活或工作上協助過你，也希望他們一切平安、喜悅、健康、幸福。

感覺一下呼吸，讓自己沉澱一下，慢慢升起祝福的心情。

最後，對世上所有人、所有生命獻上祝福。

試著讓慈愛的心擴及所有人、所有生命，希望大家都少點痛苦，多些喜悅、平安、幸福與和平，相信我們會讓世界更美好。

感覺一下呼吸，讓自己沉澱一下，慢慢升起祝福的心情。

Chapter 4
正念的技術練習

接下來的章節將分別說明各項正念練習，但每項練習都是整體正念的一部分，並非單做某個練習就會達到某特定效果。前面各章提到透過學習正念而讓生命有所改善的案例，都是整體練習之後的結果，因此請保持耐心，整體練習，只問耕耘，收穫自然水到渠成。

正式練習1 呼吸觀察

功能定位

鍛鍊專注力，讓心從散亂到集中，讓心智更清楚，頭腦更明晰。

適用時地

．一段可自主運用的時間，以及一個不被打擾的獨立空間。時長從十分鐘到三十分鐘均可，視個人時間安排而定。時段則可以選擇：

1. 早晨起床漱洗完並稍加伸展後，吃早餐之前這段時間。
2. 晚上洗好澡後到睡前這段時間。

3. 一天當中任何較適合自己的時間點。

自行練習時最好事先調好可以倒數計時的計時器（鬧鐘、手機內建的計時器，或計時相關的App都可以），這樣就不必用眼睛盯著時鐘看時間。

・若時間不夠，繁忙一天當中的任何空檔都可以練習，例如等車、等人的幾分鐘時間也可以用來觀察呼吸，隨時向內觀照自己。

具體步驟

你可以按照下面的文字說明與姿勢圖自行練習，也可上網下載我親自爲本書讀者免費錄製的正念練習引導音檔，聽著「呼吸觀察」音檔練習（掃描下方QR code，或是到下列網址：https://www.booklife.com.tw/mindfulness/action-webpage_left-did-47.htm，即可下載）。

1. 用你覺得舒服的姿勢坐著，可以坐在椅子上，也可盤腿坐在墊子或蒲團上。
2. 讓背部挺直，脊椎從下而上延伸，像山一樣很有尊嚴地坐著。
3. 身體坐正，頭頂天，不仰頭、不低頭，下巴微微內縮。雙手可以交疊在一起，也可以放在膝上。
4. 肩膀與上半身的肌肉不須用力，留意臀部接觸坐墊或椅子的感覺。
5. 感覺一下你的身體正以這樣的姿勢坐在這裡。眼睛全閉或微張都可以。
6. 開始留意這個事實：你此刻正在呼吸。

7.覺察呼吸最明顯的位置——可以留意鼻端的氣息進出，或是留意呼吸時小腹的起伏。

8.留意氣息的狀態，保持自然呼吸，不必去控制它。

9.氣息進來時，清楚知道它正在進來；氣息出去時，清楚知道它正在出去。有時它會在進與出之間短暫停止，也清楚知道它正在暫停即可。像個旁觀者，放鬆又警醒地覺察。

10.過程中若發現心在想東想西，而不是放在呼吸上，那很正常，不必氣餒，也無須消滅腦子裡的念頭，只要觀察一下它跑到哪裡去了，然後很溫柔地再把念頭帶回呼吸上就好了。

11.心跑掉多少次，就把它再帶回呼吸上多少次。保持耐心，無須自我評判。

12.不用期待什麼境界，也不須企求平靜，更不要認爲應該「心無雜念」，就只是單純地體驗呼吸、觀察呼吸，並接納自己的狀態，就夠了。

正式練習2 身體掃描

功能定位

身體掃描是要連結心與身體，讓你可以更敏銳地覺察情緒。所有情緒都會體現在身體感受上，如果更加了知身體的感受，就能增加覺察情緒的能力，同時也可以洞悉情緒背後的本質，並接納它的起伏，進而提升情緒管理能力。

適用時地

找個安靜、獨立、不受打擾的空間，躺著或坐著練習皆可。正念減壓課程的正式身體掃描練習時間為四十五分鐘，但也可以視不同需求，彈性調整時長。

具體步驟

你可以上網下載「身體掃描」練習引導音檔（下載網址和QR code，請見第186頁），聽著音檔進行身體掃描，也可以按照下面的文字說明練習，但最好先看熟再自行練習，而非邊看文字邊練，效果較好。

事前準備

- 先沉澱一下，感覺自己，跟自己在一起。腦中可能會跑出種種思緒，只要觀察它們，與它們和平共處就好。
- 這個練習很單純，不必思考，無須評價，保持開放、專注與接納。覺察自己，重新與自己的身體連結。
- 掃描時，眼睛可以張開，可以閉上。整個練習過程要保持覺察與清醒。
- 留意呼吸或觀察小腹的起伏，沒有對錯，就只是觀察。如果分心了，不必氣餒，輕輕地把心帶回來，很有耐心地跟自己在一起。

・體驗全身的重量感。如果是躺在床上，就體驗頭顱、後背、臀部與床接觸的感覺；若是坐在椅子上，就體驗臀部與背部承受的重量感。

・身體局部可能鬆，可能緊，可能某些部位舒服、某些部位不舒服，都沒有關係。如果可以放鬆，很好；若無法放鬆，也很好，因爲你覺察了，這是一種智慧。身體所有的部位與感受，都是你的一部分。

・不是所有部位都會有感覺，沒有感覺的部分就如實知道它沒感覺即可。覺察到該部位沒有感覺，也是一種正念。

・身體掃描的重點，在於保持客觀、如實、第三方的態度，平等而不評判地覺察每個存在的身體感受，無論它是舒服、不舒服，或是中性的／沒感覺。

開始掃描

所謂掃描就是從腳到頭、輪流注意身體每個部分的感受，用的是觸感，而非視覺。

不是追求特別的感覺，而是培養感受身體的習慣及客觀覺察的態度。以下僅重點提示掃描的身體部位：

1. 把注意力放在左腳腳跟，尤其如果是躺著練習，它應該會接觸地面，那就去體驗左腳腳跟接觸地面的感覺。
2. 體驗左腳腳掌。如果有穿襪子，可以感受皮膚與襪子的接觸，沒穿襪子也可能會跟空氣接觸。接著體驗腳趾頭，然後是腳背。
3. 注意力往上移動到左小腿，體驗它的各個側邊。除了皮膚，也向內感覺肌肉，看看是緊是鬆，甚至再向內感覺骨骼。
4. 再往上移動去覺察左膝關節。接著是大腿，包括內外側、上下四周，從皮膚表層開始覺察，然後向內深入去覺察肌肉的感覺。
5. 再來換右腳。從右腳腳跟開始，像感覺左腳那樣一直往上，直到大腿與骨盆的連結處。
6. 接著進入軀幹部分。首先是整個骨盆腔，包括臀部、鼠蹊部和膀胱等部位，客觀如實地覺察。

7.再往上到腹部，可以覺察皮膚與衣物的接觸、裡面的肌群、更裡面的胃腸。其實胃腸是有感覺的，例如餓或飽。

8.然後是腰的兩側，以及整個後背部。

9.接著到胸口。這裡是重點，因爲胸口是與身體及情緒連結最明顯的部位之一，多花點時間客觀、如實、接納地體驗這裡的感受。當然，正在做練習時可能沒有情緒，那可以先感覺皮膚與衣物的接觸，之後往內、往心窩方向去感受。

10.然後是左手手掌、手指頭，往上到手腕、前手臂、手肘、大手臂，一直到左肩膀。接著右手也一樣，從手掌一直覺察到右肩膀。

11.再來是喉嚨、脖子兩側，以及後頸部。

12.然後是臉部與頭部，包括下巴、嘴唇、臉頰、鼻子、眼睛、額頭、耳朵、後腦勺、頭頂。

13.剛剛是分別覺察身體各個部分，現在可以同時覺知全身，清楚知道自己躺著、坐著，姿勢爲何。去感覺整體，可能有些部位有感覺，有些部位沒感覺，有些部位舒服，有些部位不舒服，但都保持開放，允許這一切如其所是地存在。

14. 最後，你可以動一動手腳，感覺身體具體存在。接著把眼睛睜開，清醒體驗自己全身的感覺。如果你剛剛睡著了，也沒關係，雖然身體掃描原意是要保持清醒地覺察，但如果你因此有個美好的睡眠，也是好事。當然，能夠覺察自己的身體、感覺、情緒，才是身體掃描的關鍵。

正式練習3 正念伸展

功能定位

正念伸展取材自瑜伽動作，但正念伸展除了有瑜伽對人體的功效外，也是心的鍛鍊——鍛鍊心的專注力，練習身在哪裡，心就在哪裡。此外，它還可以幫助你在生活中身心合一，保持覺察，處於當下。

適用時地

找一個不受打擾的獨立空間，如果可以在瑜伽墊上進行，會更合適。在戶外也可以做正念伸展，但要留意天氣，若寒風過強就不適合了。

具體步驟

你可以按照下面的文字說明與姿勢圖自行練習，也可上網下載「正念伸展」練習引導音檔，聽著音檔進行正念伸展（下載網址和QR code，請見第186頁）。

事前準備

正念伸展的重點在覺察，覺察動作、姿勢、呼吸，以及過程中的感覺變化。請慈悲地對待自己的身體，並以智慧覺知身體的極限。每個人的身體狀況都不同，如果你無法做某個特定姿勢，不妨略過。其實，不管任何動作，即使只是彎曲手指，只要帶著覺察，都是正念伸展的一部分。

做的時候可如文字說明般動作配合呼吸，亦可只管動作，呼吸順其自然即可。以下文字與姿勢圖僅供參考。你可以自行選擇你想做的，不一定要全部都做，也可以只聽著引導音檔，做裡面提到的動作就好。甚至，如果你學過瑜伽或身體伸展，也可以做你熟悉的動作。就像前面說的，這裡的重點是對動作與感受保持覺察，身在哪裡，心就在哪裡，任何動作都可以是正念伸展。

預備姿勢：山式

1. 雙腳打開與肩同寬，背脊挺直，肌肉放鬆，像山一樣頂天立地站著。
2. 留意腳掌接觸地面的感覺。

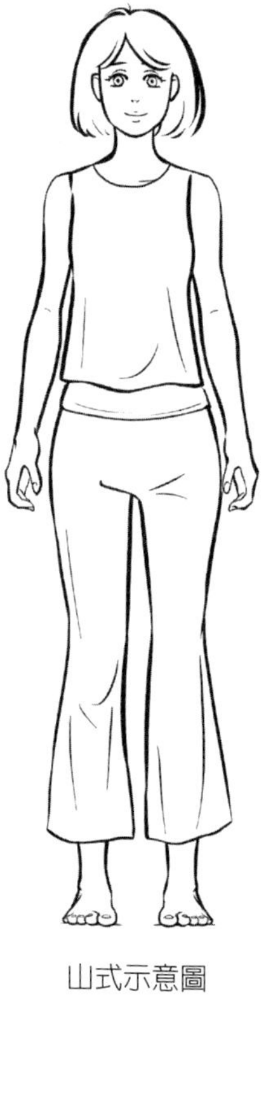

山式示意圖

動作開始

1. 吸氣，同時讓雙手順著左右兩邊向上伸展。伸展到與肩同高時，掌心朝上；到頭頂後，讓掌心相對，繼續吸氣，好像有人在上面拉你，盡量往上伸展。

2. 慢慢吐氣，然後讓雙手順著兩側往下，到了與肩同高時，掌心朝下，接著慢慢讓雙手回到身體兩側。

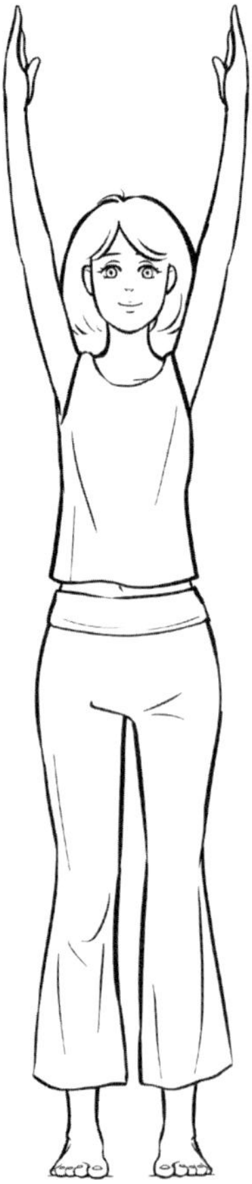

3. 吸氣，同樣的動作重複三回。直到第五次，雙手與肩同高、向外伸展時，手掌往外推，手指頭朝天花板方向停留數秒，有點像擴胸。會有點酸，很正常。然後吐氣，慢慢將雙手放下，回到身體兩側原來的位置。再吸氣。這個動作重複數回。

4.右手往右前方、往上伸展，眼睛也跟著望向手的方向。手盡量往上伸，好像快要碰到天花板，左腳腳跟微微抬起，讓右手中指的指尖盡量往天花板伸展。

5.吸氣，吐氣，一邊吐，一邊把右手放回原來的位置，左腳跟也慢慢放下。

6.再吸氣。這次換左手往上伸展，伸向天花板，同時順勢提起右腳跟。然後吐氣，放下腳跟，也讓左手緩緩回到原來的位置。

7.同樣的動作，左右各做數回。

8.轉動肩膀。肩膀轉動時帶著手臂往上提，接著往後、往下、往前，不斷轉動，帶動手臂。接著反方向，同樣旋轉數回。

9.用覺知觀察整個律動過程。

10.輕輕放鬆肩膀，回到山式。

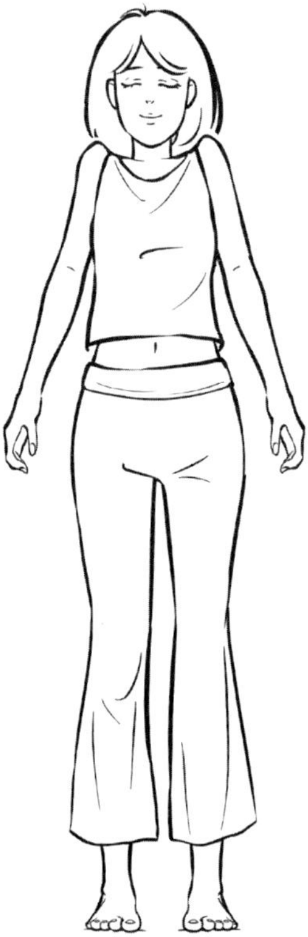

11. 吸氣，雙手向上伸，雙掌相對，然後身體微微往右倒，雙手也順勢往右壓，去感受身體左側拉伸的感覺。吐氣，身體恢復直立。

12. 往左邊做一次同樣的動作。

13. 左右反覆做三回。吸氣，身體恢復直立，回到一開始的山式，雙手放回身體兩側，直立站好。

14. 伸展頸部。把頭往右倒，讓右耳靠近右肩，感覺頸部左側在伸展，再慢慢讓頭回到中間。

15. 接著頭部往左倒，讓左耳靠向左肩，感覺頸部右側在伸展，肩膀不要提起來。重複做幾回。

16. 慢慢放鬆，回到山式。

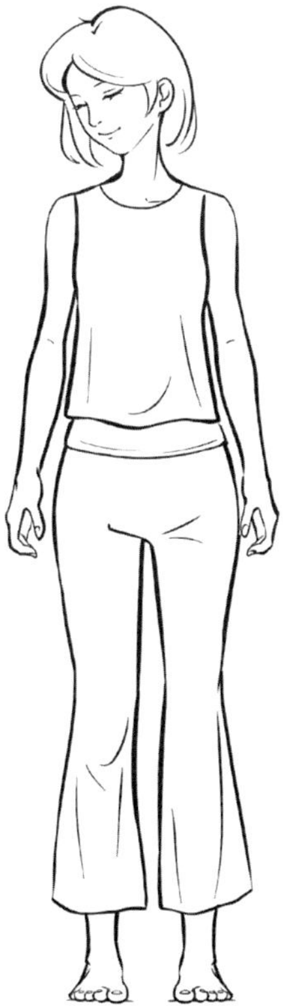

17. 雙手叉腰，四根手指朝前。吸氣，抬頭挺胸，吐氣時向右扭轉——臀部保持不動，頭往右後方轉，眼睛往右後方看。然後放鬆，回到原先的直立姿勢。

18. 吸氣，抬頭挺胸，然後一邊吐氣一邊往左拉伸，體驗上半身扭轉的感覺。

19. 接下來，進一步扭身。一樣叉腰，四根手指朝前。吸氣，抬頭挺胸，呼氣時向右扭轉——這次只有腳跟不動，腳跟以上的身體部位全部往右後方扭轉，完全扭轉。然後一邊放鬆，一邊回到面朝正前方的直立姿勢。

20. 同樣的動作，這次向左後方扭轉。體驗身體的感覺，無論舒服與否。

21. 回到面朝正前方的山式。

（接下來的動作若須靠牆、靠椅子都沒關係，不要太勉強。）

22. 先平衡站立，重心放在左臂、左腿、左腳掌，感覺左腳掌很穩當地貼著地面，好像扎根在地上。接著踮起右腳跟，然後讓兩隻手臂向兩側伸展，維持平衡，與肩膀同高，像鳥一樣。當你覺得可以了，請把右腳整個抬起來，離開地面，保持平衡，吸氣、吐氣，保持覺知。

23. 繼續讓手臂往上高舉、伸展，就像一開始向上伸展一樣，並且讓雙掌相對。右膝、右腿再往上抬高一點，維持平衡。然後吐氣，雙手回到身體兩側，右腳輕輕放回地板上。

24. 回到一開始的山式，體驗雙腳踩地的踏實感。

25. 然後，把重心移到右臂、右腿、右腳掌，感覺右腳掌很穩當地貼著地面，好像扎根在地上。接著踮起左腳跟，然後讓兩隻手臂向兩側伸展，維持平衡，與肩膀同高，像鳥一樣。當你覺得可以了，請把左腳整個抬起來，離開地面，保持平衡，吸氣、吐氣，然後慢慢回到原來的山式。

26. 如果你現在覺得心跳很快，很正常。不要批判，只是去接納與體驗，這也是一種慈悲。

27. 雙腳打開一點，右腳向右側轉，讓右腳腳跟對齊左腳正中間，形成T字形。
28. 右腿往右前方跨一大步，有點像弓箭步，前弓後箭，好像戰士一樣。
29. 膝蓋微微彎曲，右腳垂直於左腳踝，讓身體重量平均分布在雙腿與雙腳。
30. 吸氣、吐氣，右膝再彎曲一點，然後右手臂舉至與肩同高，並且往右前方伸出去，眼睛也順著看出去。左手臂則往左後方舉至與左肩同高，讓雙手一前一後伸展，吸氣、吐氣，就像一位戰士。
31. 邊做邊調整呼吸，去感受這個姿勢，體驗全身伸展的感覺。
32. 身體慢慢放鬆，放下雙手手臂，雙腳也回來，回到直立姿勢。吸氣、吐氣，跟自己在一起。
33. 反過來，往左方再做一次同樣的動作。

34. 最後回到山式，吸氣、吐氣，放鬆。

35. 正念伸展在呼吸中慢慢結束。

正式練習4 正念行走

功能定位

藉由覺察步伐，可以提升專注力，以及對身體動作的覺察力。如果覺得心浮氣躁，就去走一走，把重心放在腳底，留意腳底板與地面接觸的感覺，有助於穩定情緒。

適用時地

請找一個數公尺長、可以來回走動而不受干擾的空間。可以在家裡走，或是利用辦公室走道，當然也可以到戶外，公園或草地都很適合，最好是不會有車經過的空地，好讓你安全地行走。

§ 具體步驟

你可以按照下面的文字說明自行練習，也可上網下載「正念行走」練習引導音檔，聽著音檔進行正念行走（下載網址和QR code，請見第186頁）。

事前準備

・開始正念行走前，先感覺一下雙腳踏實地踩在地上，身體站直，脊椎挺直，肌肉放鬆。特別體驗一下腳底板與地面碰觸的感覺，行走時，腳底板與地面的接觸會是重點。

・身在哪裡，心就在哪裡。保持對動作、姿勢與感覺的覺察。

正念行走：慢速版

1. 提起其中一隻腳往前走。把每一步再分成幾個細部動作：提起、前進、放下、踏穩。

2. 這隻腳踏穩後，感覺一下腳底板與地面踏實接觸的感受，留意身體重心已經移到這隻腳了。

3. 此時，另外一隻腳的腳跟會自然抬起，然後一樣提起、前進、放下、踏穩，直到身體重心又落到這隻腳的腳掌上。

4. 就這樣一步一步走，把提起腳底板、前進、放下、踏穩的動作當作專注覺察的對象。繼續走，只管走，清楚知道你提起的是左腳或右腳，也清楚覺察此時此刻它正處於提起、前進、放下、踏穩四個動作中的哪一個。

正念行走：散步速度版

1.原則如前，只是速度如一般散步。可以不必將每一步分成提起、前進、放下、踏穩四個動作，只須清楚覺察現在伸出的是左腳或右腳。

2.一步一腳印地走，腳踏實地去走，體驗每個步伐。就只管走，讓心回來覺察你的步伐。

3.體驗腳底一寸一寸離開地面，又一寸一寸踏回地面的過程，讓心安在當下的這一刻。

4.走路過程中，你可能會分心。別擔心，這很正常。發現自己分心時，當下再回來看看現在提起的是哪隻腳，再回來體驗腳底即可。

5.每一步都是第一步，都是唯一的一步。你只管走，只管當下這一步，一步、一步、再一步。只管現在的腳掌，體驗此時此刻。

6.如果在戶外，你也許會聽到一些聲音，也許會感覺到一陣風，外在這一切都可以是你覺知的對象。輕輕鬆鬆、心無罣礙地走，沒有要趕去哪裡，走路的本身就是走路的目的。只管當下這一步，就只是走。

正式練習5 整體靜坐

功能定位

這是比較進階的正念靜坐，重點在開展更寬廣的整體覺知（而非單一目標），依序留意呼吸、整個身體、聲音、念頭／情緒，接著進入無揀擇的覺察／開放存在，培養「清楚明白，不爲所動」的默照境界。

適用時地／姿勢

- 找一處安靜的空間，這個空間最好可以保持至少三十分鐘不受干擾。
- 坐在瑜伽墊或地板上，最好拿個有厚度的蒲團或枕頭墊在臀部下方，然後坐在蒲團的前面一半或三分之一，讓骨盆微微下傾。允許下背部的前凸曲線往上，讓腰桿可以挺直。若不便盤腿，也可以坐在椅子上，但記得挺直背脊，讓坐姿就像山一樣有尊嚴地豎立在那裡。

具體步驟

你可以上網下載「整體靜坐」練習引導音檔（下載網址和 QR code，請見第186頁），聽著音檔進行整體靜坐，也可以按照下面的文字說明或姿勢圖練習，但最好先看熟再自行練習，而非邊看文字邊練，效果較好。

1. 身體坐正，頭頂天，不仰頭、不低頭，下巴微微內縮。雙手可以交疊在一起，也可以放在膝上。

2. 首先留意呼吸。覺察呼吸最明顯的位置——可以留意鼻端的氣息進出，或是留意

呼吸時小腹的起伏。留意氣息的狀態，保持自然呼吸，不必去控制它。氣息進來時，清楚知道它正在進來；氣息出去時，清楚知道它正在出去。進一步，也可留意鼻端及附近部位觸感與溫度的變化。持續數分鐘。

3. 接著擴大覺知的範圍，從呼吸到整個身體。將整個身體當作覺察的對象，使覺知含括更大的範圍。體驗身體坐在這裡的重量感、姿勢，以及身體感受。就是去覺察，不管有什麼感覺，只是客觀如實地覺察。當下的整個身體可能有各式各樣的感受，而這些感受也可能不斷生滅變化，重點是保持覺知，無論身體上的感受是舒服、不舒服，或是中性的，或是沒有感覺，都平等客觀地如實覺知即可。允許所有感受如其所是地存在，完全地覺醒。**與身體掃描不同的是，靜坐是同時覺知全部，而非輪流覺察局部**。練習覺知全身，開闊開放地覺知，不被局部占據。比方說，如果左腿痠痛，只要知道就好，它是整個身體的一部分——就像看整片山林，而非只盯著一棵樹。持續數分鐘。

4. 現在把關注的範圍，從身體移到對聲音的覺知。全範圍的聲音。單純地聽、開放地聽，聽到什麼就是什麼。不是去尋找聲音，而是允許聲音自然出現，保持著對聽的覺知。覺知聲音，以及聲音與聲音之間的空隙或聲音背後的寂靜。留意各種聲音，就是聽，就是知道，不需要去判斷或命名，只是單純地聽。
留意一下你的心。心可能比較喜好某些聲音，會開始比較與分別，沒關係，覺知到就好。只管純然平等地聽，無論是悅耳的、不悅耳的、中性的，知道就好。

持續數分鐘。

5. 接下來把覺知的範圍轉向，去觀照內心，留意念頭。心中的各種想法來來去去，試著客觀如實地觀察它們。它們不過是念頭，純然觀察，允許它們來去生滅。這些念頭也可能伴隨著種種情緒——令人愉快的念頭、令人焦慮或憂傷的念頭。重點不是這些念頭的內容，也無須沉浸在那些情緒裡，單純保持覺知即可。

對初學者來說，不跟著想法跑，或是不沉浸在情緒裡並不容易。沒關係，你就是一次又一次地安住在覺知之中，不要把念頭與情緒太當眞，或者當作是你個人的，就只是從旁觀察、知道。

安住於覺知中，自由已然在這裡，就在這裡。跟自己的心在一起，安住在這本自具有的寂靜當中。

持續數分鐘。

6. 現在，不須選擇特定對象，而是純粹保持覺知，這叫無揀擇的覺察。對感知到的所有事物保持單純覺知，不排斥任何事物，開放地覺知與接納，讓覺知涵容一切，包括呼吸、整個身體、聲音、念頭與情緒等。讓心保持開放，就像廣闊無垠的天空。心的本質，這純然的覺知，是廣闊無限的。

當下此刻，安住在這純然的覺知裡，允許一切來來去去，升起、消逝。就只是坐在這裡，保持覺知，安住在寂靜之中。

不須做任何事，不須去哪裡，就只是時時刻刻安住當下，安住在覺知中。這叫無法之法，沒有方法的方法。不須遵循什麼途徑，就只是保持覺知。

從當下開始，就在這裡，超越時間，不管什麼來了，讓它來，讓它走，就是單純地存在，與一切同在。這個時刻，保持覺醒，認得你本來就有的眞實。

生活練習1 五感覺知——以葡萄乾為例

功能定位

五感指的是視覺、聽覺、嗅覺、味覺和觸覺，透過這個練習，回到身體與感官，把心安在當下，很開放地覺察身邊所有事物，讓覺察力更敏銳，生命體驗更豐富。

運用時地

隨時隨地皆可練習。葡萄乾體驗只是練習五感覺知的方式之一，你也可以運用在吃飯、喝水、刷牙、洗碗、淋浴等日常事務裡。

具體步驟

事前準備

你可以用葡萄乾或其他適合的小零食，帶著赤子之心，以好奇、嘗鮮的心來探索這小小葡萄乾的世界。

體驗開始

1. 拿起一顆葡萄乾，先把眼睛閉上，把心安在當下。用手觸摸，感覺它的大小與形狀，把注意力放在手指頭的皮膚，覺察手指上這顆葡萄乾是圓的、扁的，還是長的？是軟的，還是硬的？表皮是濕潤的，還是乾燥的？把自己當成一個小小科學家，好奇地想要了解手中這個東西。
2. 接著，放在耳朵邊聽聽看。這樣做感覺有點好笑，但就是抱著好奇的心，留意一下有什麼聲音出現。也許你手指碰到葡萄乾會有摩擦聲，也許什麼聲音都聽不到，都沒關係，重點是聽的過程，並用聽覺感受世界。

3. 接下來，請睜開眼睛，把這顆葡萄乾放在眼前，好好地看一看。手上這個小東西的大小、形狀，跟你剛剛閉上眼時摸到的一樣嗎？顏色如何？深淺有不同嗎？專注地看，三百六十度去看，好奇地投入觀察它的紋路，好好地感知它。你可以轉一轉它，興味盎然地看，好像這是個珍貴的東西。你相信嗎？世界上不會有兩顆一樣的葡萄乾，每一顆都是獨一無二的，只要你好好觀察，很有意思的。

4. 現在來試試嗅覺。把葡萄乾放在鼻子前，深呼吸一下，仔細聞聞看。有股特殊香氣被你聞進來了，把心好好安在當下，好好體驗這個味道。

5. 最後，把葡萄乾放進嘴裡，但不急著吞下，讓它在舌頭上滾一下，感受它和你舌頭接觸的感覺，感受它在舌頭的上方、下方、舌尖或兩側，把心安在當下，注意力放在口腔裡。輕輕咬破它，很輕很慢地咬，至少咬超過十五下。當你慢慢咀嚼時，眼睛可以再度閉上，把心安在當下，注意力放在口腔裡，感受牙齒咬破葡萄乾時的觸感與滋味，是先酸後甜，還是先甜後酸？或者，有其他不同的變化與滋味？你的口水何時分泌最多？去體驗這顆小小葡萄乾帶來的層次感與豐富度，透過咀嚼，享受當下牙齒的分工合作，感受整個口腔與這一口葡萄乾在一起的感覺。

6. 漸漸地，葡萄乾變成渣了，你可能會自然嚥下去。此刻，還可以再觀察一下殘留在口腔裡的渣與口水混合是什麼感覺。

7. 把心留在當下這一刻，萬物靜觀皆自得。好好把心安在當下，透過五感，你會發現豐富、美麗而喜悅的新世界。

生活練習2 正念飲食

功能定位

人類消化系統的第一道關卡是口腔，但很多現代人「把舌頭與牙齒的工作直接丟給腸胃執行」，難怪腸胃問題非常普遍。透過正念，我們讓嘴巴重拾它的功能，減少腸胃負擔，同時也能更敏銳地覺察食物的品質、享受食物的美味。

運用時地

葡萄乾體驗也可以用在平日進食上。當然，平常吃飯時不必把碗拿到耳邊聽，也不用觸摸所有食物，不過，美食已有所謂的「色」「香」「味」，你一樣可以運用視覺、嗅覺與味覺，當下體驗眼前的食物。

具體步驟

1. 讓心回到當下，欣賞眼前的食物。
2. 觀察手是如何運作並把菜夾起來的。
3. 入口前先聞一下，體驗嗅覺帶給你的感受。
4. 放進嘴裡後，請慢慢咀嚼，最好咬十五下以上再吞下去，而非狼吞虎嚥。
5. 除了細嚼慢嚥，更重要的是集中注意力，專注地享受眼前這盤美食，一口一口慢慢吃，你會發現即使白米飯也有它的香甜。去體驗食物原本的眞實滋味。
6. 如果時間不夠，無法慢慢品嘗，那麼你的動作可以快，但心不要急。把咀嚼速度加快，但心仍安在每一口的咀嚼過程裡。
7. 時時刻刻回到當下，讓心安住在身體裡。

生活練習3 喝杯水

功能定位

在忙碌的工作與生活中，別忘了多喝水，而你若能利用這一、兩分鐘，專注地把手上這杯水慢慢喝完，心會回到當下，對情緒穩定與頭腦清晰都有助益。

運用時地

· 日常生活中隨時都可以練習，尤其做簡報前、開會中、與同事／客戶談話時都可以試試看。

· 覺得心浮氣躁或坐在辦公桌前沒有靈感時，不需要在電腦前面硬撐，起身去茶水間倒杯水喝吧！

§ 具體步驟

1. 觀察一下自己的手是怎麼伸向杯子的、用的是右手或左手。
2. 慢慢將水注入嘴巴裡，專注體驗這個過程。
3. 留意一下水進入嘴巴時，是冰涼的或溫熱的，然後感受水徐徐流經整個口腔，緩緩被嚥下，經過喉嚨一直往下。
4. 不只喝水，喝茶或喝咖啡也很好，去感受茶或咖啡的香醇與美味。
5. 慢慢嚥下手上這杯水、熱茶或咖啡，也是生活中重要的正念練習。

生活練習 4 腳踏實地（站立或步行）

功能定位

有時情緒非常煩躁，很難進行靜態的呼吸靜坐，這時，動態的正念就可派上用場，在職場或生活中隨時可用。

運用時地

- 工作不順心時。
- 思緒紛亂或沒有靈感時。
- 心情煩悶或不安時。

遇到這些狀況，不要硬撐在電腦前，讓自己起來動一動。

具體步驟

站立

1. 站起來，脊椎挺直，肩膀和肌肉放鬆。
2. 特別留意**腳底板與地面接觸的感覺**，把重心放在腳底。
3. 感覺自己腳踏實地、頂天立地站在大地上。
4. 感覺整個身體正以這樣的姿勢站在這裡，同時留意呼吸與腳底觸感。

步行

1. 去走一走。

2. 詳細步驟請參考前面「正式練習4：正念行走」。

3. 不必走太慢，散步速度即可，以不引來周遭異樣眼光爲原則。

4. 可以去茶水間或洗手間，也可以在走廊或中庭行走。若環境與時間允許，到戶外也很好。

5. 把心放在腳步上，**留意腳底板與地面接觸的感覺，觀察腳掌一寸寸離地，又一寸寸著地的過程**。

6. 只管走，就只是走，體驗每個步伐，感覺整個身體，走路本身就是走路的目的。

7. 一段時間後，就可回到座位，深呼吸一口氣，接著開始做該做的事吧。

生活練習 5 全身覺知

功能定位

這是個花費時間很短的正念練習，一個讓你重新充電並回到當下的簡易方法，有助於頭腦清晰與情緒穩定。

運用時地

有時你在辦公室裡或會議上遇到不順心的事，心情開始浮躁，但不是那麼方便隨時起身到別處透透氣。這時，你不必受限於無法離開座位，當下就可以快速從頭到腳掃描與感覺。

具體步驟

1. 首先，眨一下眼皮，去感受上下眼瞼互相接觸的感覺。
2. 再來是鼻子。深呼吸兩、三次，留意鼻孔裡氣息進出的感覺。
3. 然後是嘴巴。嘴唇抿一下，體驗上下嘴唇碰觸的感受。
4. 再來肩膀聳一下，放下來。可以再聳一下，放下來，反覆幾回。
5. 接著，放鬆腹部。
6. 再來，體驗臀部與椅子接觸的感受。
7. 接著，體驗腳底板與地面接觸的感覺。
8. 最後深呼吸一次，感覺整個身體正以這樣的姿勢坐在這裡。

生活練習 6 正念生活

功能定位

讓正念更全面地提升生活品質與生命深度。

整體原則

生活中的要訣是：身在哪裡，心就在哪裡；人在哪裡，心就在當下。

例如，走路時，就留意腳底；刷牙時，體驗一下刷牙過程。你平常是否曾覺察，刷牙時，你是先刷上排牙齒或下排牙齒？你的牙膏是什麼顏色？什麼味道？洗碗也可以一個動作一個動作好好做，傾聽水流動的聲音，感受雙手怎麼分工合作，哪一手拿菜瓜布？哪一手拿碗？洗碗精的顏色與味道是什麼？甚至水沖在手上的清涼感，整個洗碗過程中的種種變化，都可以是你覺察的對象。

因此，生活的所有面向都很適合做正念練習，走路、吃飯、刷牙、洗碗、掃地、洗澡、上洗手間等，都可以是正念的過程。

跟人講話時，也盡量練習正念溝通，不急著插話，不急著在腦子裡一直想：「我等一下要說什麼？」把心安住在對話當中，先開放自己，去傾聽並接納對方的聲音，試著把心清空，讓對方的聲音進入你心裡，進一步去了解他，試著**以理解代替評判**。你跟人講話時，是希望別人了解你，而不是評判你，所以，請用同理心來感受，就能明白對方也會期待你傾聽，而非批判。等你了解對方的意圖後，再下判斷也不遲。

從傾聽開始、從當下開始、從開放與好奇開始，當你徹底「懂」了的時候，與對方便會產生共鳴，良好的溝通就會在這裡發生。

總之，日常生活中的所有事務，都是正念最好的教室。就從當下這一口呼吸開始，與身心做最深的連結，也與世界做最廣的連結。

〈後記〉我的正念之旅

大學時期的年輕歲月，我原本也是過著跟大部分學生一樣的日子，直到快畢業時，才有了個重要轉折。卡巴金博士當年就讀麻省理工學院時，在凱普羅禪師的一場演講中種下改變一生的種子；而影響我日後人生的契機，則是政大校園裡一張聖嚴法師帶領大專禪七的小海報。

參加禪七的前兩天眞的滿辛苦，整天禁語不准說話，加上腿痠背疼，眞是折騰；可是幾天後，我在靜坐中體驗到過去生命從未經歷的輕安喜悅。從那一刻起，我就對禪修產生極大興趣，想要更深入地探索內心世界，也想了解這累積幾千年的古老智慧。

大學畢業、退伍後，我正式到法鼓山拜聖嚴法師爲師，開始過著每天清晨四點起床、晚上十點就寢的修行人日子。那些年裡，我有機會奠定古典禪修與佛學的重要基礎，很感謝當時的眾多師長。

之後，我留學美國攻讀心理諮商，也拿到了碩士學位。就在這段期間我發現，「正念」（mindfulness）這個詞經常被西方人士討論，也大量被應用在臨床工作上。進一步了解後，我明白它的概念與方法類似古典佛教禪修，但較為現代化、科學化、世間化，同時也因沒有宗教元素，更能普及社會各界。這讓我回想起自己讀過溫宗堃教授一篇關於「正念減壓」的文章，也明白這是一九七九年由麻州大學醫學院的卡巴金博士開創的系統課程，於是動了去接受完整訓練的念頭。詢問過師大心輔所前所長金樹人教授的建議，以及得到善心人士的支持後，我決定動身前往接受訓練。

正念訓練中的發現與領悟

我接受的第一個訓練叫「正念減壓心身醫學專業訓練」，當時還是由卡巴金博士親自指導（另一位共同指導者是時任麻州大學醫學院正念中心主任的薩奇·聖多瑞里）。到現場之後，我發現絕大多數受訓者是美國人及歐洲人，而且都是各界專業菁英，原來正念對主流人士這麼有吸引力。同時，若亞裔美國人不算的話，我也意外成爲卡巴金第一個台灣學生。

之後幾年，我又陸續完成師資實習訓練、進階師資培訓、正念教師督導等正念減壓完整師訓。我很享受這些課程帶給我的滋養與成長，有種如魚得水的感覺，可能是因我本來就有東方禪修的基礎，又有西方心理學的教育背景，所以上起課來感覺滿輕鬆，同時又體會到背後的深度，也更明白爲何卡巴金會說：「正念很簡單，但不容易。」

回台灣以後，我才發現美國雖然已掀起正念風潮，台灣主流社會中卻沒人推廣，連很多專業人士當時都沒聽過正念。於是我有了使命感，想把自己感受到的正念之好推廣出去。幸運的是，當時還是台北市立仁愛醫院精神科主任的許豪沖醫師很支持我，讓我有機會成爲全台第一個在醫療院所開辦正念減壓八週課程的人。

我們在醫院貼公告，對外接受報名，很多有失眠或焦慮困擾的人都來參加。八週課程結束後，大家的反應都非常好，有學員在結訓後緊緊握住我的手說：「德中老師，這幫助太大了，你一定要繼續開這門課！」他們眼中滿滿的感激，是我決定推動正念的關鍵。他們感謝的不是我，而是正念真的很好，讓這些長期情緒壓力不得釋放的參與者在課程結束後，身心狀況有了明顯的改善。

這些回饋對我是很重要的鼓舞，於是我接著開辦第二梯次課程。不久後，台大醫院也找我去爲護理人員開設同樣的八週課程。接著是亞東醫院、耕莘醫院、台北榮總……一個接一個的課程或工作坊，後來甚至與台北醫學大學的老師合作，正式在醫學系開設選修課程，今年已邁入第四年。就這樣，正念的種子慢慢散播出去。

因緣際會推廣正念

有句俗諺說：「有心栽花花不發，無心插柳柳成蔭。」聽起來很有趣的一句話，卻有幾番道理。很多事情的成就，不是單靠一己之力，照著腦中預想的就能全盤完成，而是眾多變化的因緣聚合而成的結果。

記得第一次上卡巴金的課，印象很深的是即使當時的他年紀已大又很有名望，但每次用餐都跟學員一起排隊，而非讓人爲他服務，且爲人隨和，經常毫不藏私地跟人分享正念的種種。這麼有活力的人，用他堅定澄澈的雙眼與你分享他的熱情和使命，想不被他打動都很難。

他告訴我，正念雖然終於在美國獲得社會大眾的重視，但他有個心願，就是要讓正念回到亞洲，讓現代人也能受益。我當時深深被他感動，雖然根本不知道日後是否有機會在亞洲好好推廣正念，但那顆種子已經播下了，只是等待因緣萌芽。

二〇一三年底在上海，一次與卡巴金及童慧琦博士的三人晚餐中，他們一起問我是否願意主辦二〇一四年底卡巴金來台的活動。雖然不確定是否有足夠的能力或資源，但既然因緣如此，我想就盡力促成。

而當時在台灣，由於學生愈來愈多，很多人都希望有個固定機構可以常態開課讓他們參加。於是，我開辦了台灣正念工坊。有了自己的空間之後，我們讓所有上過課的學員都能在課程結束後持續回來參加同學會，共同練習正念及參與讀書會，好讓大家有個像家一樣的空間可以長期規律地體驗正念。

二〇一四年底，我終於以台灣正念工坊的名義，與台灣正念發展協會及張老師基金會共同主辦卡巴金來台的系列活動。每場演講的迴響都很熱烈，結束後，讀者大排長龍等著簽名。卡巴金不只是簽名而已，他總是很細心地在每本書寫下不同的祝福語。一場演講加上結束後的簽名活動，時間至少超過四小時，我心裡很著急，擔心卡巴金累壞了，但他對人的熱情始終支持著他輕鬆完成這件事。他說，這些讀者一生可能只與他相遇這短短三十秒，未來不見得再有機會碰上面，所以要把心力完全付出給對方。卡巴金的想法，與日本人說的「一期一會」精神類似，一輩子只相遇一次，雙方都會盡己所能展現誠意。

身爲科學家的卡巴金，卻充滿宗教家的情懷，對美好的世界懷有如此熱忱，這對我影響很大，讓我也逐步跟隨他的理念，希望用正念改變世界。

差不多就在這段時期，在麗嬰房創辦人林泰生總裁及廣達電腦人資主管等人的邀約下，我又意外成爲第一個把正念減壓八週課程帶入台灣企業體系的人，之後也在台積電及聯發科等大型企業持續授課。後來，在楊嘉慶博士的牽線下，台灣正念工坊與Google研發並測試的「搜尋內在關鍵字」（Search Inside Yourself, SIY）課程美國總部「搜尋內在自我領導力學院」正式合作，進一步在台灣企業推廣正念領導力。這更令我感受到凡事眞的需要眾多因緣，個人內在有願，也須依靠外在因緣和合。很感恩這一切。

在今日的台灣，我相信很多人都對自己身處的環境或多或少感到有壓力、焦慮，甚至憤怒，這些低落的負面感受瀰漫在個人、家庭、朋友、同事，乃至整個社會中。也許是我比較樂觀，也許是正念給我的力量，我總相信，透過學習正念，讓在外紛亂不已的心漸漸沉澱下來，回到自己，這個世界就會慢慢改善，朝好的方向發展。

我永遠都會記得卡巴金老師那炯炯有神的雙眼，以及對人始終充滿熱忱的心。

〈附錄1〉

正念相關Q&A

Q：正念就是正向思考嗎？就是要保持樂觀的意思嗎？

A：正念不等於正向思考，也不等於保持樂觀或抱持悲觀，而是「實觀」，即如實客觀地洞察內在身心與外在世界，幫助我們做出更好的決策（詳細定義請見本書第二章）。正念雖不等於正向思考，但如果你希望自己樂觀、正向，就必須具備正念能力，透過正念客觀覺察內在，駕馭自己的心，才有辦法往你想要的思考方向去。因此，正念更像是人生的基本功。

Q：正念有宗教色彩嗎？

A：當代正念最初是卡巴金博士結合東方禪修與西方科學發展出來的系統，雖有佛教禪修的源頭，卻早已不帶任何宗教色彩，當然更沒有任何儀式。西方主流社會目前已廣泛應用正念，除了醫學界，正念也被用在企業界、運動界、教育界等領域。我教過的學生有基督徒、天主教徒，也有維吾爾族的伊斯蘭教徒，他們上完課後，都覺得自己在生活、工作與家庭關係中遭遇的問題有明顯改善，同時也繼續維持原先的信仰。因此，正念跨越宗教、種族、性別、國籍等，是一種普世皆可學習的方法。

Q：正念就是靜坐嗎？就是觀察呼吸嗎？正念等於禪修嗎？會不會讓人走火入魔？

A：觀察呼吸、靜坐與瑜伽，都是可以提升專注力與培養覺察力的方法。正念雖然汲取東方智慧，練習方法也的確與傳統禪修有相近之處，但正念並沒有相關儀式與宗教色彩。禪修有各式各樣的方法，但正念不以持咒或觀想來集中心力，而是客觀如實地覺察身體、情緒、想法等，以培養明晰的洞察力，用正確的態度與單純的心來學習，不企求特異功效，也不做任何個人崇拜。因此，正念與神祕主義無關，也不會讓人走火入魔。

Q：我是個靜不下來的人，也適合做正念練習嗎？靜坐時思緒總在腦中飛來飛去怎麼辦？

A：正念就是爲靜不下心的你而設計的。靜坐或靜心等中文名詞雖然有個「靜」字，但它其實不是要你心如止水，保持腦袋一片空白無念，正念只是要你覺察內在身心與外在的眞實狀況。因此，練習時若發現自己靜不下心，思緒甚至比平常更多、更浮，這很正常，大部分人都是如此。別以爲有些人看起來很文靜，他們腦袋裡一定也有很多思緒。你不需要消滅念頭，也不必抵制煩躁的情緒，你只須發展覺察力，客觀如實地看著自己的念頭，與它和平共處。而除了靜坐，正念培養覺察力的方式還有動態的吃飯、行走、瑜伽伸展等肢體練習，一樣可以發展覺察力。

Q：正念課程會不會跟坊間的激勵課程一樣，剛開始讓人感覺很神奇，一段時間後又變回老樣子了？

A：美國曾針對正念減壓八週課程進行研究，從課前到課後持續追蹤學員狀況二十週，每一週都會做壓力、焦慮等相關量表。結果發現，學員的焦慮改善情形依舊維持在一定水平之上，指數遠遠優於他們上正念課程前。因此，**只要維持練習，正念的效果會一直持續**。正念並不鼓勵學員追求某種喜樂的感覺或奇蹟，而是希望在日常生活裡以一種平常心，不知不覺地慢慢進步，讓正念成爲生活的一部分。正念是日積月累、細水長流的方法，只要持續練習，好的效果就會一直保持下去，就像運動一樣。

Q：學習正念後就不會生氣了嗎？如何從情緒低谷中爬出來？

A：人的情緒就像潮起潮落、花開花謝，本來就會高低起伏，不斷變化。因此，學習正念後遇到各種情境，還是會出現各種身體「感受」。不同的是，學了正念後，我們懂得以開放、客觀的心去觀察自己的情緒流變，明白感受只是感受，感受不等於「我」，因此認知與行爲等受情緒影響的程度會愈來愈小，而不會陷入「愈想愈氣，愈氣愈想」的循環中。

Q：正念是要壓抑情緒嗎？

A：當然不是。正念是要去面對情緒，觀察它在身體上引發的感受。有人透過喝酒、飆車、暴飲暴食等方式瘋狂地發洩情緒，也有人會壓抑，不讓情緒出來。無論哪種方法，其實都是無法面對情緒，試圖轉移感覺的注意力。而正念是勇敢且客觀地面對不舒服，如實地經驗情緒，觀察身體的反應，這樣才能超越情緒，做情緒的主人。

Q：我常常暴飲暴食怎麼辦？

A：暴飲暴食通常是爲了轉移內在情緒，這時可以透過正念飲食，帶著覺察的心來吃東西。看看食物的顏色，聞聞它的味道，入口時細嚼慢嚥，感受一下舌頭與牙齒如何分工合作，嘴裡的食物又有什麼滋味，並且邊吃邊覺察胃腸的飽足感，以及情緒慢慢被安撫的感覺。正念飲食可以讓我們在覺察外在食物時，也往內覺察正在吃的感受，暴飲暴食的狀況通常可因此改善許多。

Q：小孩不容易專注，可以學正念嗎？

A：當然可以。國外已有不少專門爲孩子設計的正念課程，甚至細分不同年齡適合的課程，從幼兒、小學生到青少年都有。台灣也有一些針對孩童和青少年開設的正念課。

Q：我是憂鬱症患者，正念對我有幫助嗎？

A：「正念認知治療」（Mindfulness-Based Cognitive Therapy, MBCT）已被英國政府認可爲預防憂鬱症復發最有效的方法之一。練習正念會讓你看到情緒起伏的本質、認知的眞相，以及情緒與認知之間的連動狀態，從而讓你得以從漩渦中抽離出來。

Q：我也覺得正念很好，但我沒時間練習怎麼辦？

A：你總會吃飯、走路、洗澡。在正念課程裡，練習有兩種：正式練習（靜坐、身體掃描等）與生活練習。吃飯、走路、洗澡就是生活練習，甚至等人、等車的空檔，都可以隨時隨地觀照自己與呼吸，因此，日常生活裡，處處都可以練習正念，甚至在工作與家人相處中，有情緒波動時，都是練習正念的好時機。

Q：做正念練習時可以聽音樂嗎？

A：沒有硬性規定可以或不可以，要看練習的目的。如果是要訓練心智的專注度與覺察內在情緒的敏銳度，專心練習而不要聽音樂，效果會比較好。一般而言，聽音樂是爲了達到某種心情，但音樂停了之後，那種心情又會消失，而正念的目的通常不是要達到某種狀態，所以不會藉由音樂來幫助練習。不過，如果練習正念是希望放鬆，聽音樂就是可行的。

Q：正念是萬靈丹嗎？

A：當然不是，而且世界上也沒有任何單一的方法是萬靈丹。舉例來說，一個有運動習慣的人卻經常暴飲暴食、抽菸、熬夜，這樣他的身體狀況未必會好，但運動對健康有沒有幫助呢？當然有！若有兩個人條件（飲食習慣、生活習慣、基因等）相似，規律運動的人身體狀況一定比另一個人好。正念也是同樣的道理。因此，保持開放，虛心學習，並將正念融入自己的專業與生活中，相信這份開放的心可以幫助你自己，也能幫助更多人。

〈附錄2〉

台灣正念課程何處學？

1. 台灣正念工坊　Taiwan Mindfulness Center（台灣的綜合正念學習中心）

‧官網網址：www.mindfulnesscenter.tw

‧臉書：https://www.facebook.com/taiwanmindfulnesscenter

台灣正念工坊
Taiwan Mindfulness
Center

‧LINE@台灣正念工坊

台灣正念工坊
@vuw9720l

2.台灣正念發展協會（有本地正念師資培育系統）

・官網網址：www.mindfulness.org.tw

3.陳德中臉書粉絲頁

・網址：https://www.facebook.com/twmbsr

（在臉書搜尋「陳德中」即可）

致謝

此書出版，要感謝我的父母，以及伴侶、家人給我的支持與鼓勵。同時要謝謝圓神出版機構的堅強團隊，包括陳怡佳小姐的最初企畫、沈蕙婷小姐的接棒努力、陳心怡小姐的稿件整理、賴良珠主編的坐鎮指揮，以及責編黃淑雲小姐極度專業的編輯功力。

更要感恩在修學路上給我指導、也是影響我最大的兩位恩師：正念減壓創始人卡巴金博士，以及已辭世的法鼓山創辦人聖嚴法師。

當然也要感謝一路以來所有協助過我的國內外師長、朋友，與醫界、心理界、企業界、教育界等各界先進，以及台灣正念工坊的所有夥伴。

最後要謝謝的，是一場一場、一堂一堂的所有聽眾與學員，是你們臉上的笑容與光輝，堅定了我推廣正念的勇氣。感謝你們讓我和你們的生命共同蛻變與茁壯，也讓更多讀者有機會一起受益及成長。

國家圖書館出版品預行編目資料

正念減壓的訓練：風行全球，哈佛醫學院、Google、麥肯錫、蘋果都在用／陳德中 著. -- 初版. -- 臺北市：方智，2017.10
256面；14.8×20.8公分 --（自信人生；146）

ISBN 978-986-175-474-1（平裝）

1. 靈修

192.1 106014688

Eurasian Publishing Group 圓神出版事業機構 用心與你對話．視野無限寬廣
方智出版社 Fine Press

www.booklife.com.tw reader@mail.eurasian.com.tw

自信人生 146

正念減壓的訓練：風行全球，哈佛醫學院、Google、麥肯錫、蘋果都在用

作　　者／陳德中
發 行 人／簡志忠
出 版 者／方智出版社股份有限公司
地　　址／台北市南京東路四段50號6樓之1
電　　話／（02）2579-6600・2579-8800・2570-3939
傳　　真／（02）2579-0338・2577-3220・2570-3636
總 編 輯／陳秋月
資深主編／賴良珠
專案企畫／沈蕙婷
文字協力／陳心怡
責任編輯／黃淑雲
校　　對／黃淑雲・賴良珠
美術編輯／李家宜
行銷企畫／陳姵蒨・陳禹伶・王莉莉
印務統籌／劉鳳剛・高榮祥
監　　印／高榮祥
排　　版／杜易蓉
經 銷 商／叩應股份有限公司
郵撥帳號／18707239
法律顧問／圓神出版事業機構法律顧問　蕭雄淋律師
印　　刷／祥峰印刷廠
2017年10月　初版
2023年10月　12刷

定價300元　ISBN 978-986-175-474-1